中国旅游发展年度报告书系
Annual Development Report of China's Tourism

中国国内旅游发展年度报告 2019

ANNUAL REPORT OF CHINA DOMESTIC TOURISM DEVELOPMENT 2019

中国旅游研究院

北京·旅游教育出版社

责任编辑：郭珍宏

图书在版编目（CIP）数据

中国国内旅游发展年度报告. 2019 / 中国旅游研究院著. -- 北京 : 旅游教育出版社，2019.8

ISBN 978-7-5637-4007-9

Ⅰ. ①中… Ⅱ. ①中… Ⅲ. ①国内旅游—旅游业发展—研究报告—中国—2019 Ⅳ. ①F592.3

中国版本图书馆CIP数据核字(2019)第185876号

中国国内旅游发展年度报告 2019

中国旅游研究院　著

出版单位	旅游教育出版社
地　　址	北京市朝阳区定福庄南里 1 号
邮　　编	100024
发行电话	（010）65778403　65728372　65767462（传真）
本社网址	www.tepcb.com
E - mail	tepfx@163.com
排版单位	北京旅教文化传播有限公司
印刷单位	北京中科印刷有限公司
经销单位	新华书店
开　　本	787 毫米 ×1092 毫米　1/16
印　　张	9
字　　数	121 千字
版　　次	2019 年 8 月第 1 版
印　　次	2019 年 8 月第 1 次印刷
定　　价	55.00 元

（图书如有装订差错请与发行部联系）

《中国国内旅游发展年度报告 2019》
编委会

《中国国内旅游发展年度报告 2019》
编写组

主　编

郭　娜　中国旅游研究院规划与休闲研究所助理研究员　博士

编辑部成员（按姓氏音序排序）

车晓旭　郭　娜　黄　璜　李鹏鹏　李　雪

吴丰林　徐文力　翟慧敏　张佑印

前　言

2018年，在全域旅游、供给侧改革、居民消费升级因素驱动下，国民休闲和国内旅游均呈现出纵深化发展。区域旅游发展格局将稳中有变，不断向好，在跨区域交通基础设施和大型国家旅游线路不断完善的背景下，结合中西部旅游市场主体的培育壮大和地方旅游发展不断寻求亮点突破和模式创新。国民旅游诉求正在从美丽风景转向美好生活，旅游目的地建设已经跨越了追求美丽风景，进而走向美好生活的发展阶段。

一、国内旅游市场呈现持续向好态势

1. 国内旅游业发展环境稳定向好

2018年，在全域旅游、供给侧改革、居民消费升级因素驱动下，国民休闲和国内旅游均呈现出纵深化发展。国内旅游市场持续高速增长，休闲市场大幅增长，产业投资和创新更加活跃，经济社会效应更加明显，旅游成为经济增长的新引擎、产业体系升级扩容的新动力、人民幸福生活的新指标。国民旅游诉求正在从美丽风景转向美好生活，旅游目的地建设已经跨越了追求美丽风景，进而走向美好生活的发展阶段。

2. 国内旅游业发展实现稳步增长

2018年，全国旅游推动旅游经济实现了较快增长，大众旅游时代的市场基础更加厚实，产业投资和创新更加活跃，经济社会效应更加明显。2018年全年，国内旅游人数55.39亿人次，比上年同期增长10.8%。其中，城镇居民41.19亿人次，占比74.4%，增长12.0%；农村居民14.2亿人次，占比25.6%，增长7.3%。国内旅游收入5.13万亿元，较上年同期增长12.3%。其中城镇居民花费4.26万亿元，占比83.04%，增长13.1%；农村居民花费0.87万亿元，占比16.96%，增长8.8%。总体来说，我国旅游业发展良好的基本面没有改变，有利条件和机遇仍然很多，我国旅游业仍处于黄金发展期。

3．假日旅游市场文化需求逐渐凸显

传统民俗和民间文化吸引力凸显是2019春节旅游的一大特点。春节期间参观博物馆、美术馆、图书馆和科技馆、历史文化街区的游客比例分别达40.5%、44.2%、40.6%和18.4%，观看各类文化演出的游客达到34.8%。十一旅游市场：消费类型多、文化参与度广。国庆期间，超过90%的游客参加了文化活动，超过40%的游客参加了2项文化体验活动，前往博物馆、美术馆、图书馆和科技馆的游客在40%以上，37.8%的游客花在文化体验的停留时间为2~5天。端午特色文化活动引爆景区客流量。从主题来看，文化类景区增幅明显，整体同比增长40%；博物馆同比增长35%；文化遗产同比增长了45%。

二、区域旅游非均衡格局未变，发展趋势向好

1．区域间潜在出游力差距呈现出明显的收敛趋势

2018年，客源地潜在出游力在东中西三大区域之间的比例大约为6.2∶2.5∶1.3，相比较长期处于“7∶2∶1”的三级阶梯状分布格局，继续呈现收敛趋势。即我国的客源市场有62%源自东部地区，25%源自中部地区，13%源自西部地区。而从发展趋势来看，东部地区累计潜在出游力所占比重由2010年的70.0%下降到2018年的62.4%，呈现逐年降低趋势。与此同时，中西部地区所占比重在不断升高，累计潜在出游力所占比重由2010年的30.0%提升到2018年的37.6%，区域之间的差距呈现出明显的收敛趋势。

2．中西部地区旅游产业速度依然高于东部

全国31个省（市、区）旅游目的地发展指数的区域分异依然显著，东部地区由于经济社会发达、旅游产业基础良好，依然是国内旅游目的地的核心区域。伴随着西部大开发、“一带一路”、“旅游+”以及全域旅游等一系列国家战略的不断推进，中西部地区旅游产业发展速度不断提升，项目和资本逐步向中西部聚焦，东西部的产业化速度高于东部地区。2018年中、西部地区旅游收入的增长率分别为45.63%和26.63%，超过东部地区的14.57%；旅游人次的增长率分别为38.55%和21.04%，超过东部地区的11.10%。中西部地区旅游发展的后发效应与比较优势逐渐凸显。区域之间的合作与战略连接不断加强，使得旅游业正在成为影响中国经济走向的重要力量，为解决我国区域间不平衡发展问题提供了一定的支撑。

3．区域之间客流互动加强，促使均衡化发展格局显现

区域旅游流空间格局总体稳定，东部地区在旅游客流量和旅游交通便捷度

方面均保持较强优势。其中客流量方面依然以东部三大经济区之间、三大经济区与成渝经济区之间、长三角与中部地区之间旅游流为主。旅游通道便捷度方面，长三角内部的便捷度指数在区域尺度相对较高，达到17.52，省级尺度则以北京流向天津的旅游流相对最强，达到20.00。

从全国范围来看，上海流向长三角内部的旅游流通道便捷度最高，便捷度指数是17.54，其次是北京流向环渤海内部的旅游流通道便捷度较高，便捷度指数是9.85，北京流向东北地区、上海流向珠三角地区、广东流向中部地区、广东流向成渝地区、湖南流向中部地区内部、湖南流向珠三角经济区的旅游流通道便捷度也较高，便捷度指数均不小于1。而辽宁流向云贵地区的旅游流通道便捷度最低，便捷度指数仅为0.06，辽宁流向成渝地区、四川流向东北地区的旅游流通道便捷度次之，便捷度指数均为0.1。旅游流的快速增长带动着资金流、信息流、人才流以及文化流的互动发展，为区域间均衡发展起到促进作用。

三、国内旅游两大特征：休闲度假稳定发展、观光旅游仍然是基础市场

1. 观光旅游仍然是基础市场

2017年，我国国内城镇居民的旅游动机观光游览排在第二位（占29.4%），休闲度假排在第三为（24.8%）；2010年，我国城镇居民出游以观光游览为目的者占32.9%，以休闲度假为目的者占25.0%。2017年，我国国内农村居民的旅游动机观光游览排在第二位（占22.8%），休闲度假排在第四（14.5%）；2010年，我国农村居民出游以观光游览为目的者占12.2%，以休闲度假为目的者占6.0%。近几年，农村居民出游的观光游览动机在上升，一定程度上反应了农村居民在生活水平提升之后，出游的意愿在增强。综合判断，观光游览市场仍是国民旅游市场的基础市场，休闲度假的稳定发展是现实的市场主导特征。

2. 休闲度假人均花费增长较快

观光游览与休闲度假花费数额接近。我国城镇居民2017年人均每次出游花费约1368.3元，其中休闲度假人均花费1385.6元，观光游览人均花费1413.3。农村居民的数据分别为814.6元、961.8元、951.9元。无论城镇居民和农村居民其观光游览与休闲度假花费差距均较小（城镇居民差距为为27.7元，农村居民差距为9.9元）。

休闲度假人均花费增长较快，城镇居民和农村居民的休闲度假费用均有所

提高。2016 年我国城镇居民休闲度假人均花费 1024.7 元，观光游览人均花费 1240.2 元。农村居民的数据分别为 749.2 元、918.4 元。2017 年人均度假花费增长率城镇居民和农村居民分别为 35.22% 和 28.33%、人均观光花费增长率分别为 13.96% 和 3.65%。

2017 年城镇居民自助出游散客的花费构成情况是：交通费占比最高，为 36.3%，住宿费占 17.5%，餐饮费占 22.9%，购物费占 12.7%，景区游览费占 5.4%，其他费用占 5.2%。农村居民散客出游的花费构成情况是：交通费占比最高，为 34.9%，餐饮费其次，占 25.2%，住宿费占 12.6%，购物费占 14.8%，景区游览费占 4.8%，其他费用占 7.7%。这几项花费中交通和餐饮占据了总体花费的一半以上，其中餐饮费超过住宿费说明居民更愿意在吃上花费更多的资金，对住宿要求不高。

四、国内旅游发展新业态及新经验不断涌现

1. 文旅融合创新案例

一是，泉州打造文化旅游品牌，促进文旅融合发展。泉州通过盘活旅游资源，打造文旅 IP。挖掘文化、盘活资源，泉州古城探索出一条文化产业、旅游产业、服务产业深度融合的创新发展路径，成功打造的多个文旅 IP，成为游客必到打卡的“网红”。通过丰富文旅体验，激活文旅业态。在泉州古城，文旅融合，还体现在完善配套、激活业态，让游客在“眼耳鼻舌身意”的丰富体验中，从“路过”走向“住下”。泉州古城独创的“多彩交通”慢行系统，让古城有氛围，让游客多便利。而古城区内的 20 多家特色民宿，推广在地文化，也与酒店一道，让游客的选择丰俭由人。智慧旅游建设，让游客不用做功课，也能直奔泉州文化的内核，领略泉州的历史人文。

二是，六盘水大力发展文旅融合产业、探索文旅融合新模式。从政府主导、品牌打造、项目开发、区域联动等多方面探索文旅产业融合发展模式，积极推动文旅产业发展。六盘水从凉都文学、凉都民歌、红色凉都文化、文物考古、凉都风云人物、民间传说、地名趣谈、名家游记散文、民俗风情等入手，全方位进行文化资源的挖掘和开发，每年举办一次六盘水消暑文化节，大力打造凉都文化品牌。

2. 全域旅游创新案例

一是，蚌埠市多角度助力旅游形态，推动全域旅游发展。蚌埠市按照“全

业、全景、全民、全感官”模式，构建蚌埠全域旅游新格局。蚌埠全域旅游发展按照一心引领、两带贯通、三区联动、全域共创的空间总体结构，着力推进“品质蚌埠、水韵蚌埠、文旅蚌埠、乡野蚌埠、畅游蚌埠”五大产品及项目体系，通过智慧化精准营销，塑造蚌埠市“古韵珠城，蚌埠生活”的旅游形象，同时通过公共服务的提质增效，促进旅游服务的提档升级。

二是，依托自然资源与民族文化，黔东南大力发展全域旅游。黔东南州利用政府主导的作用发展全域旅游，制定协同发展政策机制。在政府统筹下，依托不同的资源优势，打造凯里云谷田园生态农业旅游综合体、麻江县蓝梦谷蓝莓生态园、黎平肇兴侗文化旅游景区、雷山西江千户苗寨乡村旅游综合体等农文旅项目，不仅构建了黔东南全景域、多元化的旅游产品体系，更为旅游扶贫建设奠定了坚实基础。2018 年，全州、全年接待旅游总人数 10807.59 万人次，比上年增长 15.6%，旅游总收入 937.23 亿元，比上年增长 20.5%。

3. 旅游产业新业态案例

一是，温州发展夜间旅游，引领文化旅游新潮流。温州瓯江夜游是温州旅游的名片。通过打造精品夜间旅游项目，进一步完善了城市功能，改善城市人居环境，丰富了市民夜间生活环境和精神内涵，有效延长了游客旅游时间并增加过夜率，促进了城市“夜间经济”的发展。温州瓯江夜游项目融合灯光秀、光影码头、光影乐园、光影礼堂等多种形式，用光讲述城市故事，打造“光影创新体验产品”，助力月光经济发展。

二是贵州发展避暑旅游，快步迈向“旅游高地”。通过强化避暑品牌价值和品牌意识，提升消费者的认同度；注重基础设施的完善，为顾客提供优质服务；组建一流的旅游服务团队，提供优质服务。多个措施并举，使游客在避暑旅游的时候能够得到更加优质服务，对贵州避暑旅游品牌记忆犹新，从而为贵州避暑旅游文化产业的发展和进步提供有效的支撑。

三是，依托自然资源优势，长春大力发展冰雪旅游。其通过创新营销方式，强化冰雪文化建设，改进基础设施水平，积极发展冰雪旅游。长春注重冰雪旅游营销模式的创新和运用。利用生活方式营销，以消费者所追求的生活为诉求，通过把产品或品牌演化成某一生活方式的象征，甚至是一种身份、地位识别的标志，从而达到吸引消费者，建立起稳固的消费群体。长春根据各区域的特点，加强本地独有的民族旅游文化的传播路径，通过科学合理配置现有冰雪产业资源，打破地域限制，改进基础设施水平，为构建长春市冰雪名城打下基础。

目录

CONTENTS

第一章　国内旅游发展状况与特征 …………………………………… 1

一、2018 年国内旅游发展的总体情况 …………………………………… 2

二、2019 年国内旅游发展的趋势展望与建议 …………………………… 7

第二章　国内旅游市场特征 ………………………………………………… 11

一、国内旅游市场总体研究 ……………………………………………… 12

二、国内旅游出游潜力特征 ……………………………………………… 20

三、国内旅游市场消费特征 ……………………………………………… 23

四、国内旅游市场行为特征 ……………………………………………… 26

第三章　国内旅游产业发展特征 ………………………………………… 35

一、2018 年旅游目的地空间结构特征 …………………………………… 36

二、主客共享成为旅游发展的新思想 …………………………………… 59

三、逐步完善的市场监管模式给文化和旅游发展提供了良好的发展环境 · 66

四、2018 年国内旅游目的地发展创新案例 ……………………………… 72

第四章　国内旅游客流空间流动特征 …………………………………… 83

一、大尺度旅游客流分析 ………………………………………………… 84

二、中尺度旅游客流分析 ………………………………………………… 93

三、旅游流通道便捷度 ······105

第五章　国内旅游节假日市场特征 ······117
一、假日旅游市场文化需求逐渐凸显 ······119
二、假日旅游市场增长速度依然较快 ······121
三、假日旅游目的地选择多元化、出行方式多样化 ······125

第一章

国内旅游发展状况与特征

一、2018 年国内旅游发展的总体情况

2018 年是“十三五”规划实践的重要一年。2018 年我国旅游消费保持高速增长趋势，供给侧结构性改革成效明显。全年国内游客 55.39 亿人次，比上年增长 10.8%；国内旅游收入 51278 亿元，增长 12.3%。

（一）国家政策情况

2018 年全年发布国家级旅游政策 10 个，在旅游市场、旅行社等行业管理方面、乡村旅游可持续发展等发展建议方面出台了一系列规范政策与规章办法，为我国旅游业“文旅融合”在开局之年的良性发展保驾护航。

1. 国家层面大政方针

2018 年文旅融合开局顺利，按照“宜融则融、能融尽融；以文促旅、以旅彰文”的工作思路，以文化拓展旅游经济发展空间，以供给侧改革促进品质旅游发展，不断增强民众对旅游的获得感。2018 年 2 月，中央一号文件《中共中央、国务院关于实施乡村振兴战略意见》中写到“实施休闲农业和乡村旅游精品工程，建设一批设施完备、功能多样的休闲观光园区、森林人家、康养基地、乡村民宿、特色小镇。”“发展乡村共享经济、创意农业、特色文化产业。”“加快发展森林草原旅游、河湖湿地观光、冰雪海上运动、野生动物驯养观赏等产业，积极开发观光农业、游憩休闲、健康养生、生态教育等服务。创建一批特色生态旅游示范村镇和精品线路，打造绿色生态环保的乡村生态旅游产业链”。2018 年 9 月下旬，中共中央、国务院发布《乡村振兴战略规划（2018—2022 年）》，文件中再次重申“深入发掘农业农村的生态涵养、休闲观光、文化体验、健康养老等多种功能和多重价值”“实施休闲农业和乡村旅游精品工程，发展乡村共享经济等新业态，推动科技、人文等元素融入农业”。从政策层面上鼓励发展休闲农业，实现乡村振兴。

2. 文化和旅游部层面文件规定

2018 年是文旅融合的开局之年，国家旅游局（现文化和旅游部）1 月修订

发布了《"中国民间文化艺术之乡"命名和管理办法》，对"中国民间文化艺术之乡"的命名和管理作出进一步规范。《办法》指出："开展'中国民间文化艺术之乡'创建工作要以习近平新时代中国特色社会主义思想为指导，坚持以人民为中心的工作导向，弘扬社会主义核心价值观，传承中华优秀传统文化，坚定文化自信，坚持创造性转化、创新性发展，促进优秀民间文化艺术更好地融入社会、融入民众、融入生活；坚持与基层公共文化服务相结合，尊重人民群众的主体性、积极性和创造性，促进创建成果由人民共享，增强人民群众文化获得感。"

2018年3月，国家旅游局（现文化和旅游部）第3次局长办公会议通过《旅游行政许可办法》，进一步规范旅游行政许可行为，保护公民、法人和其他组织的合法权益，保障和监督旅游主管部门有效实施行政管理。

2018年5月，文化和旅游部印发《国家旅游人才培训基地管理办法》（试行），助力推进国家旅游人才培养体系建设；2018年6月，文化和旅游部发出《文化和旅游部办公厅关于做好社会艺术水平考级管理工作的通知》，进一步提高社会艺术水平考级服务效率与质量。

2018年11月，响应中共中央、国务院乡村战略的有关决策和文件精神，文化和旅游部会同有关部门制定了《关于促进乡村旅游可持续发展的指导意见》，《意见》指出"按照产业兴旺、生态宜居、乡风文明、治理有效、生活富裕的总要求，从农村实际和旅游市场需求出发，强化规划引领，完善乡村基础设施建设，优化乡村旅游环境，丰富乡村旅游产品，促进乡村旅游向市场化、产业化方向发展，全面提升乡村旅游的发展质量和综合效益，为实现我国乡村全面振兴做出重要贡献"，"到2022年，旅游基础设施和公共服务设施进一步完善，乡村旅游服务质量和水平全面提升，富农惠农作用更加凸显，基本形成布局合理、类型多样、功能完善、特色突出的乡村旅游发展格局"。

在旅游产品、旅游服务方面，2018年11月，文化和旅游部发布《文化和旅游部关于提升假日及高峰期旅游供给品质的指导意见》，《意见》指出，随着大众旅游时代的到来，假日及高峰期旅游出行难、停车难、入园难、赏景难、如厕难等问题依然突出，为此，提出六大任务，即"加强规划布局、强化弹性供给、实施立体调控、强化科技支撑、做好应急救援、完善供给体系"，从"健全机制、注重统筹、增加投入、强化监督"四个方面入手，有效提升假日及高峰期旅游供给品质。12月，文化和旅游部《旅游市场黑名单管理办法（试行）》

出台，重拳整治旅游乱象，为有效维护旅游市场秩序，加快旅游领域信用体系建设，促进旅游业高质量发展提供制度保障。

3.2018 年非物质文化遗产相关进展

2018 年 4 月 26 日，文化和旅游部、教育部、人力资源社会保障部联合印发《中国非物质文化遗产传承人群研修研习培训计划实施方案（2018—2020）》。该实施方案对于帮助非遗传承人群强基础、拓眼界、增学养，增强文化自信，提高专业技术能力和可持续发展能力，提升非遗保护传承水平，丰富参与院校的学术和科研积累，完善相关学科体系建设，将发挥重要作用。

2018 年 5 月 8 日，文化和旅游部确定并公布了第五批国家级非物质文化遗产代表性项目代表性传承人名单，共 1082 人。2018 年 5 月 24 日，文化和旅游部、工业和信息化部联合发布第一批国家传统工艺振兴目录，苏绣、蔚县剪纸、青神竹编等共计 383 个国家级传统工艺类非遗项目入选。

2018 年 6 月 27 日、7 月 11 日，文化和旅游部、国务院扶贫办连续印发关于大力振兴贫困地区传统工艺助力精准扶贫的通知和关于支持设立非遗扶贫就业工坊的通知。"非遗 + 扶贫"工作的全面推进，对于充分发挥传统工艺在促进居家就业、增加群众收入等方面的独特优势和带动作用，以及贯彻落实党中央关于深度贫困地区脱贫攻坚的总体部署将发挥积极作用。

2018 年 12 月，文化和旅游部发布《国家级文化生态保护区管理办法》,《办法》指出："国家级文化生态保护区建设应坚持保护优先、整体保护、见人见物见生活的理念，既保护非物质文化遗产，也保护孕育发展非物质文化遗产的人文环境和自然环境，实现'遗产丰富、氛围浓厚、特色鲜明、民众受益'的目标。"这一管理办法的出台，有力地促进了文化生态保护区的发展，也是对中共中央、国务院高度重视生态环境和非物质文化遗产保护的支持。

（二）客源市场发展情况

1. 客源地出游力分布总体呈现东—西梯度递减格局

2018 年，我国各大客源地的游客产出量保持增长趋势。从区域角度来看，延续去年的东、中、西三级阶梯状发展格局，出游比例为 6.2∶2.5∶1.3，相比去年的 6.3∶2.4∶1.3，基本格局没有太大变化。从全国角度来看，2018 年我国客源地依旧集中在环渤海、长三角、珠三角、成渝四大经济区。从省级角度来看，我国出游力处于全国前五位的分别是上海、北京、江苏、广东、浙江五个省（市）。从客源地分布来看，一线以及沿海发达城市依旧是国内旅游的主体，主要原因是这些省市拥有较高的经济水平和居民消费能力，旅游已经成为当地居民的主要休闲方式之一。总体来说，东部沿海省市依旧是出游潜力最强的地区，中部稍弱，西部潜力最小。全国客源地出游力依旧是东—中—西递减格局。

2. 城乡不同群体居民出游差异特征明显

从我国客源地城乡差异来看，2017 年，国内旅游人次城乡对比，全年城镇居民旅游人次达到 36.77 亿人次，农村居民旅游人次达到 13.24 亿人次。城镇居民在全年的出游人次大约是农村居民出游人次的 3 倍。2017 年，中青年市场仍旧是我国国内旅游市场的主力军，尤其是年龄在 25~34 岁的群体，出游人次为 16.09 亿人次，达到所有年龄段中出游人次最高。从国内游客的受教育程度来看，2017 年我国国内旅游市场依旧保持高学历趋势。城镇居民大专及其以上出游者最多，为 22.34 亿人次，约占所有城镇出游人数的 60.76%。而农村居民中最多的是大专及其以上的游客为 4.93 亿人次，约占 37.24%，其次是初中及以下教育程度的游客，为 4.83 亿人次，约占所有农村出游人数的 36.46%，上述数据说明我国城乡国内游客的教育水平差异较大。

（三）目的地发展情况

2018 年，我国旅游目的地目前的发展有三点趋势：景区指数持续上升、旅游目的地发展呈现“东强西弱”格局、主客共享成为旅游发展的新思想。

1. 景区指数持续上升

将 5A 级与 4A 级景区作为核定各省份景区指数的主要依托，构建各地区旅游景区指数。2018 年，我国国内旅游中景区指数最高的五个省份为江苏、浙江、四川、山东和广东。景区指数最低的五个省份分别是西藏、天津、青海、宁夏和海南。2018 年，国家旅游局和地方旅游局对 5A 级和 4A 级景区进行核实检查，对部分采取警告，甚至摘牌的措施，坚持 A 级景区的进出有序和动态管理，多地旅游管理部门为此制订了详细的景区集中整治行动方案，督促景区不断提升服务管理水平，创建环境优美、服务周到的旅游品牌。

2. 旅游目的地发展呈现“东强西弱”格局

2018 年，我国国内旅游产业发展“东强西弱、南强北弱”的格局依旧未变。东部地区的旅游接待能力和目的地建设保持领先地位，旅游接待人次和旅游收入均超越中西部地区。

2018 年是西部地区旅游快速发展的一年，宁夏、新疆、广西的旅游收入增长率位于前三位，分别为 50.16%、29.85%、27.14%。宁夏、新疆、贵州的国内游客接待人数增长率位于前三位，分别为 61.76%、29.05%、26.63%。在旅游接待质量方面，东部地区的旅游服务质量指数、星级饭店发展指数和旅行社发展指数远超过中西部地区，其中星级饭店数量和旅行社数量约占全国的一半。未来中西部地区旅游目的地发展过程中，应重视服务质量提升，增强目的地体验。

3. 主客共享成为旅游发展的新思想

主客共享是一种全新的旅游发展理念，全域旅游是对主客共享理念的实践。从在全域旅游的内涵看，促进社会共建共享、完善公共服务设施、实现公共服务协调发展是全域旅游的重要内容和目标。全域旅游强调游客与居民共享旅游发展成果。从近几年国家层面的政府报告和系列文件看，全域旅游是新时期旅游工作的主要内容，这也表明主客共享已经成为新时期国家指导旅游发展的新思想。

（四）旅游流情况

1. 不同空间尺度的旅游流具有特定的表现规律

从全国的大尺度以及区域的中尺度两个角度考察旅游流动情况。宏观层面上旅游流动的主要构成包括环渤海经济区、长三角经济区、珠三角经济区以及中部旅游区。2018 年，我国的大尺度旅游流流动趋势主要表现为：东部三大经济区流向中部地区和西部旅游资源大省的西向旅游流、西部经济相对发达地区流向东部三大经济区的东向旅游流。从区域旅游发展模式来看，金三角双向旅游流具有很强的经济性，而且市场因素和自身资源的驱动性也较强，属于混合驱动型旅游流；西向旅游流具有资源导向及政策导向特征，属于资源驱动型和政策驱动型旅游流；东向旅游流具有一定的经济性，属于经济驱动型旅游流。从中尺度旅游流层面来看，2018 年核心地区和城市的带动效应依旧明显，环渤海经济区、长三角经济区、珠三角经济区、中部六省的旅游流变化幅度较小，北京、上海、浙江等热点城市的旅游流动频率和流动量明显高于周边城市。

2. 旅游流通道便捷度存在差异

各旅游区内以及旅游区之间的旅游流便捷度存在差异。从全国范围来看，上海流向长三角内部的旅游流通道便捷度最高，便捷度指数是 17.54，其次是北京流向环渤海内部的旅游流通道便捷度较高，便捷度指数是 9.85，北京流向东北地区、上海流向珠三角地区、广东流向中部地区、广东流向成渝地区、湖南流向中部地区内部、湖南流向珠三角经济区的旅游流通道便捷度也较高，便捷度指数均不小于1。而辽宁流向云贵地区的旅游流通道便捷度最低，便捷度指数仅为0.06，辽宁流向成渝地区、四川流向东北地区的旅游流通道便捷度次之，便捷度指数均为0.1。从这一结果来看，旅游流通道便捷度的高低与物理距离呈负相关关系，与经济发达程度和交通便利程度则有着正相关关系。

（五）旅游市场状况

1. 国内旅游业发展实现稳步增长

2018年，全国旅游推动旅游经济实现了较快增长，大众旅游时代的市场基础更加厚实，产业投资和创新更加活跃，经济社会效应更加明显。2018年全年，国内旅游人数55.39亿人次，比上年同期增长10.8%。其中，城镇居民41.19亿人次，占比74.4%，增长12.0%；农村居民14.20亿人次，占比25.6%，增长7.3%。国内旅游收入5.13万亿元，较上年同期增长12.3%。其中城镇居民花费4.26万亿元，占比83.04%，增长13.1%；农村居民花费0.87万亿元，占比16.96%，增长8.8%。总体来说，我国旅游业发展良好的基本面没有改变，有利条件和机遇仍然很多，我国旅游业仍处于黄金发展期。

2. 有品质且时尚的产品逐步走俏旅游市场

随着90后的不断成长，已逐渐成长为旅游的中坚力量。2018年90后的出行人数已超过70后，占比达到了17%，90后活力城市排名前十的城市分别是深圳、广州、合肥、成都、郑州、南京、杭州、宁波、苏州和长沙，其中深圳和广州的90后出行人数占比均已达到了23%。

随着年轻消费者开始主导旅游市场新的格局，其消费偏好将推动旅游市场深刻变革，推动避暑旅游、冰雪旅游、夜间旅游、房车旅行、邮轮旅行、山地旅游、博物旅行、体育旅游等新时尚旅游消费需求发展。

二、2019年国内旅游发展的趋势展望与建议

（一）发展的趋势

2018年，诸多战略和工程在促进区域旅游均衡发展的综合效应将持续释放：一是国家战略的辐射范围和战略效应将进一步扩大；二是辐射中西部地区的跨区域旅游合作不断加强；三是中西部地区高速交通网络骨架工程和对接工程相继建设完工。

国家战略的辐射范围和战略效应将进一步扩大。除“一带一路”、精准扶贫

战略外，原国家旅游局出台的边境旅游示范区、扶贫旅游示范点、红色旅游示范点等辐射范围更广、倾斜中西部地区的旅游业专项战略，其综合效应将逐步显现。

辐射中西部地区的跨区域旅游合作不断加强。原国家旅游局主推的大型国家旅游线路，尤其是贯穿东中西三个区域的丝绸之路旅游线、黄河文明旅游线、长江国际黄金旅游带等将有效联合东中西三大区域，实现东部带动中西部旅游发展。

中西部地区高速交通网络骨架工程和对接工程相继建设完工。2017 年有 6 条新的高铁（城铁）线路开通运营，其中 5 条与中西部地区有直接关联。高速公路方面，2017 年全国新增高速公路 5000 多公里，总里程近 14 万公里，中西部地区是主要建设地区。国家高速交通体系向西部倾斜，大大提升了中西部地区旅游可进入性，带动了区域间旅游要素的快速流动，必将为“十四五”乃至今后一段时期区域旅游均衡发展奠定基础。

港珠澳大桥通车，大湾区旅游市场将现新格局。随着 2018 年 10 月 24 日，跨越伶仃洋，东连香港，西接广东珠海和澳门的港珠澳大桥正式通车。这也是粤港澳三地首次合作共建的超大型跨海交通工程。港珠澳大桥的投入使用大大地缩短了三地的通行时间，形成了港珠澳“1 小时生活圈”、粤港澳“黄金 3 小时旅游圈”，整个大湾区将迎来同城化、一体化的崭新时代，这也为大湾区旅游业创造了巨大的发展机遇。日前，海南、广西和广东三省签订协议，共同推进北部湾旅游经济圈建设。在广西、广东和海南三地旅游主管部门共同主办的北部湾城市群旅游合作座谈会上，三省 15 市县协商达成《北部湾城市群旅游合作框架协议》，以加强城市间旅游市场合作，推动景点互推、游客互送、合力建设复合型滨海旅游度假目的地，这些均将为大湾区旅游市场结构带来全新变化与机遇。

（二）政策建议

以国家战略为依托，进一步缩小区域旅游发展的不平衡格局

我国区域旅游发展不平衡现象由来已久，“东强西弱、南强北弱”是整体格局。东部旅游目的地的接待能力、旅游产品的丰富度和服务水平，明显优于中西部地区。中西部尤其西部地区，多拥有较好的生态资源，构成旅游发展的天然基础，但受限于交通基础设施、区域经济水平等因素，旅游发展相对粗放，市场化程度相对较弱。但随着我国产业发展向中西部的转移，中西部经济及旅

游发展呈快速增长趋势，旅游产业发展速度明显高于西部。整体来看，我国区域旅游发展不平衡依然明显，在基础条件、经济发展水平及资金支持等方面境况不一，如何进一步缓解还存在不少挑战。

一是借助脱贫攻坚战略，为中西部地区旅游业发展注入新动力。为促推东部、中西部旅游发展的均衡化格局实现，国家层面也已出台举措。近期，国家发改委、财政部、文旅部等部委印发《“三区三州”等深度贫困地区旅游基础设施改造升级行动计划（2018—2020年）》（以下简称《行动计划》），以进一步加强西藏自治区、四省藏区、新疆维吾尔自治区南疆四地州、四川凉山州、云南怒江州、甘肃临夏州等深度贫困地区的旅游基础设施和公共服务设施建设，推进旅游业发展。2019年是我国全面脱贫最关键的一年，广大中西部地区应利用好国家脱贫攻坚政策，努力发展乡村旅游、民俗旅游以及生态旅游，实现广大中西部欠发达地区的“旅游产业扶贫”。

二是加快推进交通网络的建设，让东部客流可以更加顺畅地流向西部。旅游客流作为旅游空间过程中的显性流动现象，其内涵是信息流、资金流、人才流、交通流等一系列人财物的流动。加快推进中西部交通网络的建设将为东部客源地更加便捷地流向西部创造良好的外部条件。2019年各地应旅游和文化部门应进一步围绕高铁通车的动机，做好快速交通接驳体系、旅游吸引物体系以及旅游产业要素体系的提前布局，迎接全民旅游、大众旅游所带来的市场井喷现象。具体来说，2019年应以京兰客运专线、昌赣高铁、大张高铁等高铁建成通车为契机，同时围绕多条高速公路通车的优越条件，加快与旅游相关部门的对接，提前布局，从而让更多的游客、信息、资金、人才以及货物从东部流向中西部，进而带动中西部社会经济的发展。

第二章

国内旅游市场特征

一、国内旅游市场总体研究

（一）国内旅游市场持续向好

1. 国内旅游市场市场规模突破 55 亿人次

2018 年全年，全国旅游推动旅游经济实现了较快增长，大众旅游时代的市场基础更加厚实，产业投资和创新更加活跃，经济社会效应更加明显。根据国家统计局进行的国内旅游抽样调查结果，2018 年全年，国内旅游人数 55.39 亿人次，比上年同期增长 10.8%。其中，城镇居民 41.19 亿人次，占比 74.4%，增长 12.0%；农村居民 14.20 亿人次，占比 25.6%，增长 7.3%。国内旅游收入 5.13 万亿元，较上年同期增长 12.3%。其中城镇居民花费 4.26 万亿元，占比 83.04%，增长 13.1%；农村居民花费 0.87 万亿元，占比 16.96%，增长 8.8%。

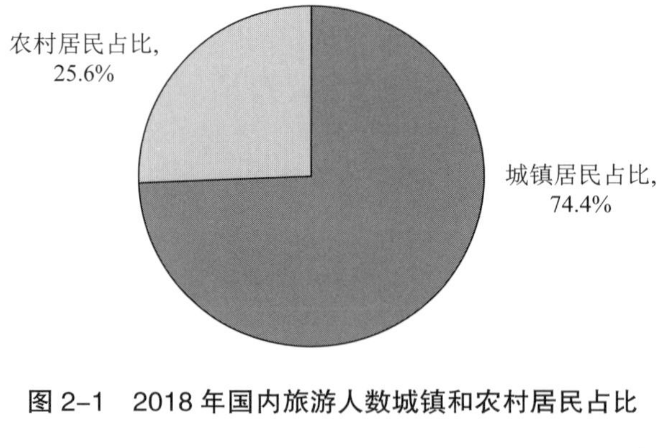

图 2-1　2018 年国内旅游人数城镇和农村居民占比

2. 国内旅游市场总体保持 10% 以上的增长率

从近年来国内旅游市场发展规模来看（图 2-2），无论是旅游收入还是旅游人数均保持着稳步扩大的态势。其中旅游收入方面，国内旅游市场收入规模从 2014 年的 3.03 万亿元增长到 2018 年的 5.13 万亿元，增长幅度为 59.06%。而在旅游人数方面，我国国内旅游人数从 2014 年的 36.11 亿人次增长到 2018 年的 55.4 亿人次，总体增幅为 53.4%。

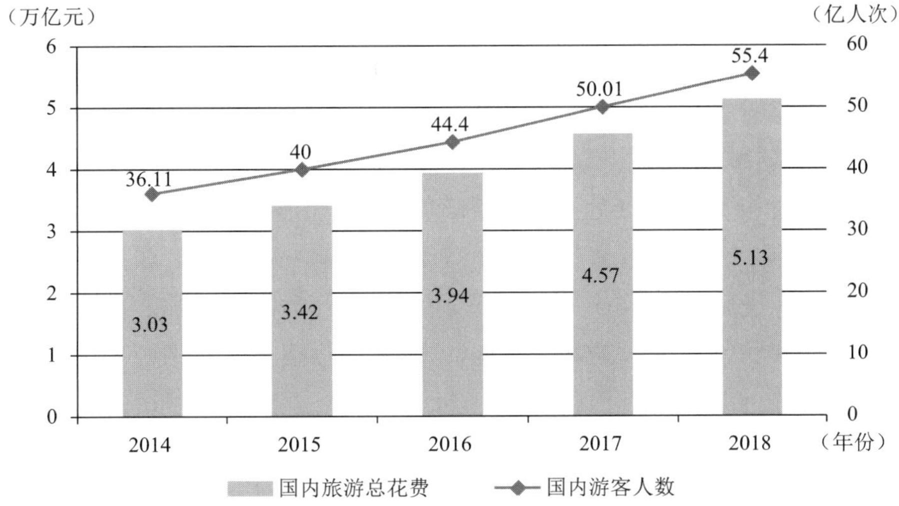

图 2-2 近五年国内旅游接待量和收入规模的变化

而从近 5 年国内旅游市场规模年度增长幅度来看（图 2-3），无论是旅游收入还是旅游人数，在 2015—2017 年间总体规模均保持平稳增长态势，其中国内旅游收入规模总体保持在 15% 左右的增长速度，2018 年增长放缓；而旅游接待量总体保持 10% 左右的增长速度，2017 年增长较大，2018 年有所回落。

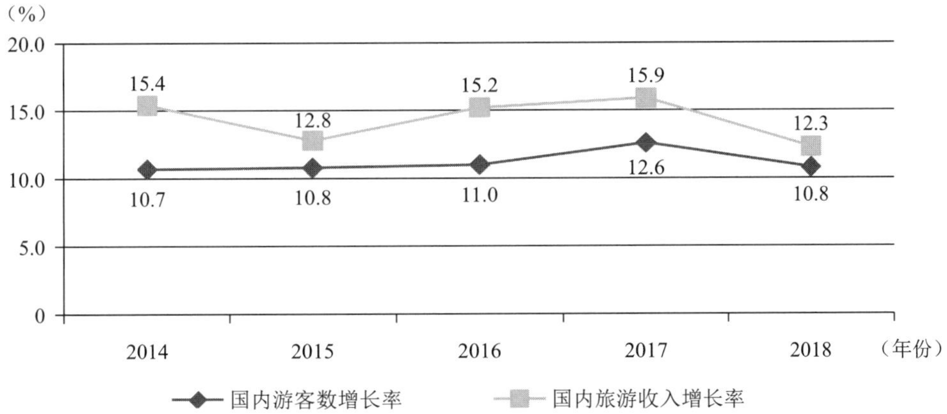

图 2-3 近五年国内旅游市场增长率变化

3. 预计 2019 年国内旅游市场将创新高

2018 年是实施“十三五”规划的重要一年，也是推进供给侧结构性改革的深化之年。我国旅游市场规模稳步扩大，旅游业在创新发展中继续领跑经济增长。我国旅游已经发展到大众化旅游中高级阶段，向日常休闲回归，差异化游憩环境逐渐成为休闲的手段。休闲需求进入越来越多百姓的日常生活，国内旅游需求旺盛，旅游投资维持高位，旅游就业稳步增加。

（二）区域旅游市场转变为“4∶3∶3”结构

将我国旅游市场按区域划分为东部地区、中部地区、西部地区。其中东部地区包括：北京、天津、河北、上海、江苏、浙江、福建、山东、广东、海南，辽宁、吉林、黑龙江，2018 年共接待国内旅游者 58.39 亿人次；中部地区包括：山西、安徽、江西、河南、湖北、湖南，2018 年共接待国内旅游者 43.7 亿人次；西部地区包括：内蒙古、广西、重庆、四川、贵州、云南、西藏、陕西、甘肃、青海、宁夏、新疆，2018 年共接待国内旅游者 49.35 亿人次。

图 2-4 描述的是区域市场在这近五年里接待国内人数的变化趋势，所有区域游客接待人数均逐年增加。东部地区从 2014 年的 45.05 亿人次增长到 2018 年的 58.39 亿人次，中部地区从 2014 年的 23.27 亿人次增长到 2018 年的 43.7 亿人次，西部地区从 2014 年的 22.77 亿人次增长到 2018 年的 49.35 亿人次。

总体来说，东部地区整体接待规模要高于中西部，中西部的整体接待规模相相差不大。近几年，东部地区接待规模增长放缓，中部地区 2018 年增长较大，西部地区接待量增长相对较快。

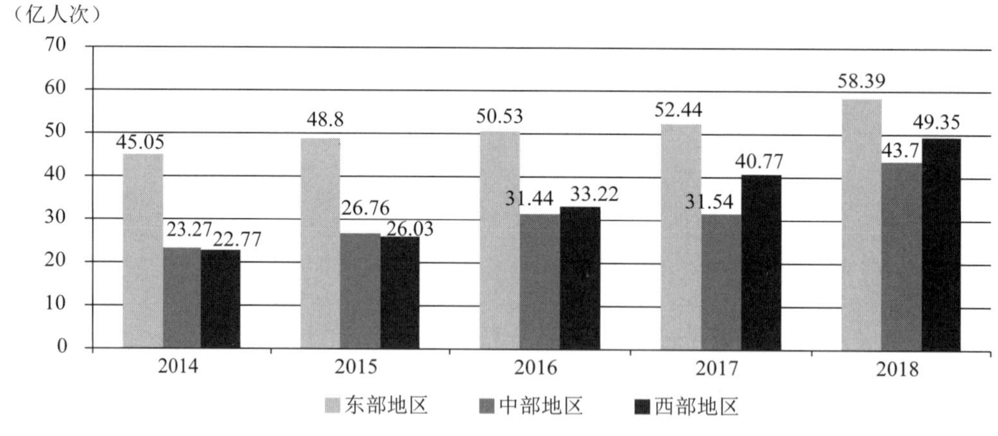

图 2-4　2013—2018 年区域总体接待量对比

由于各区域的省市个数不同，发展速度不同，图 2-5 显示的是 2018 年我国各区域的平均接待量，其中东部地区的平均接待量为 4.49 亿人次，中部地区的平均接待量为 7.28 亿人次，西部地区的平均接待量为 4.11 亿人次，三个区域均有增长。其中，中部地区的平均接待量是最大的，较 2017 年有较大增长幅度，而西部地区凭借优越的自然环境，在旅游基础设施不断完善的进程中，吸引众多的旅游者来体验生态之旅，从而使其平均接待量呈现显著的增长趋势。

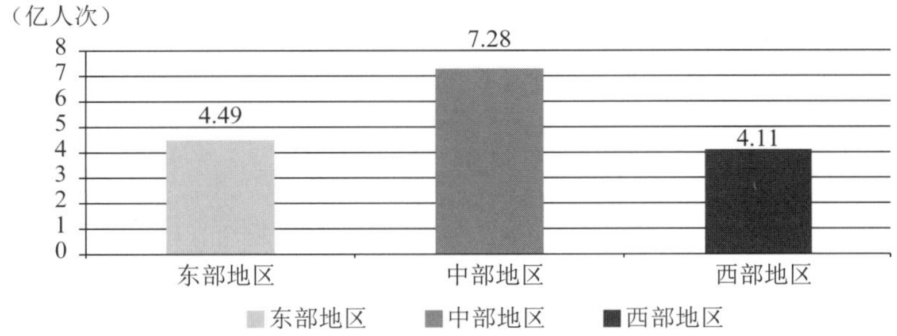

图 2–5　2018 年三大区域平均接待量

2018 年，各地区国内旅游收入如图 2–6，东部地区以 85 460.52 亿元的国内旅游收入稳居区域首席，而中部地区的国内旅游收入仅有 44 544.94 亿元，约是东部地区的二分之一。西部地区历史资源丰富，但自然资源相对缺少，再加上政府、地方居民对历史文化遗迹的保护程度不足、开发力度不够，相对应的配套设施有待完善等一系列问题，使其国内旅游收入相对处于劣势，为 55 616.19 亿元。

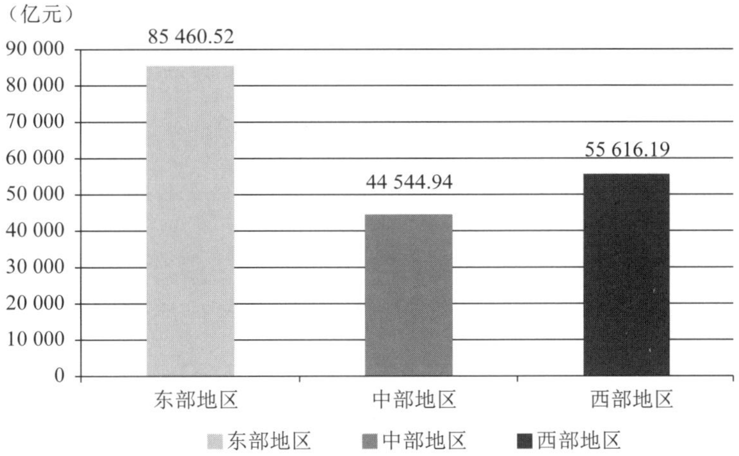

图 2–6　各地区国内旅游收入情况

（三）国内旅游市场的城乡人口统计特征

1. 国内旅游市场的城乡二元结构依然明显

如图 2-7 所示，2017 年，国内旅游人次城乡对比，全年城镇居民旅游人次达到 36.77 亿人次，农村居民旅游人次达到 13.24 亿人次。城镇居民在全年的旅游次数都高于农村居民的旅游次数，但随着农村居民生活条件的改善，可自由支配收入的增加，农村居民外出旅游的人数也在不断增加，因此，总人次上，而是逐渐被农村居民数量追赶。从时间上来看，城镇居民出游活动会受到节假日等时间上的限制，一般会选择在带薪休假的黄金假期、春节长假和周末假期来完成旅游活动；而农村居民出游活动的进行相对而言，时间上比较灵活，所以每个季度出游的密集性比较平稳，波动性不强。

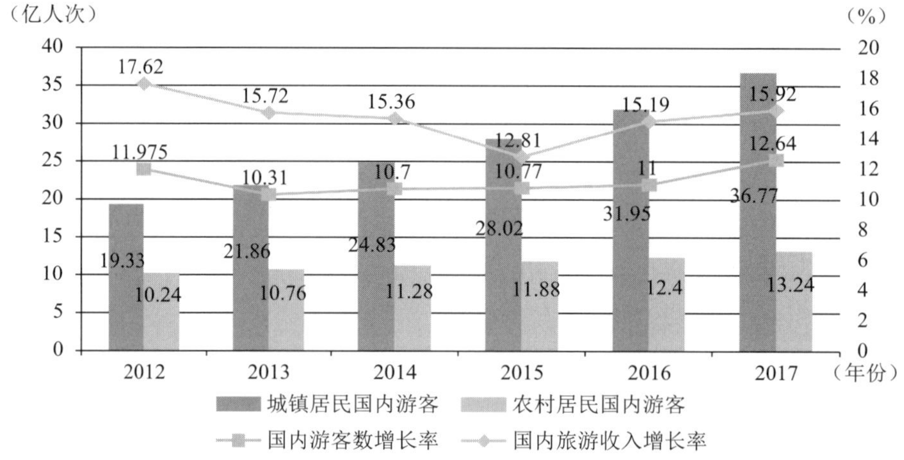

图 2-7 城乡国内旅游人次对比

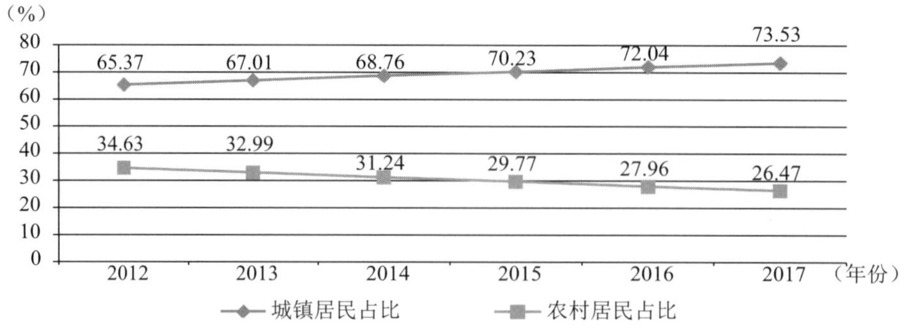

图 2-8 城乡居民占比

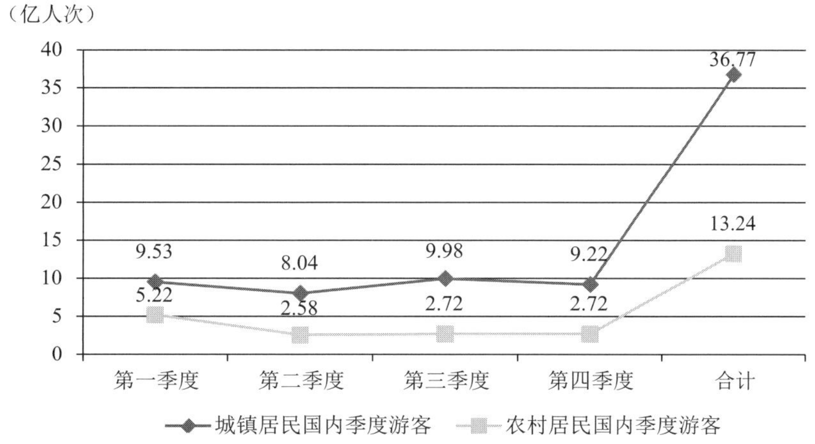

图 2-9　城乡国内旅游人次对比

2. 中青年依然是国内旅游市场主力

图 2-10 表示：2017 年我国国内旅游市场的主力军是 25~34 岁的年轻人，为 16.09 亿人次；其次是 45~64 岁这一年龄阶段的人，为 11.85 亿人次；接着是 35~44 岁的人，为 10.99 亿人次；其余的 15~24 岁、65 岁及以上和 14 岁及以下分别为 5.54 亿人次，2.98 亿人次以及 2.57 亿人次。无论是城镇居民还是农村居民，25~34 岁的年轻人都是国内旅游的主力军。

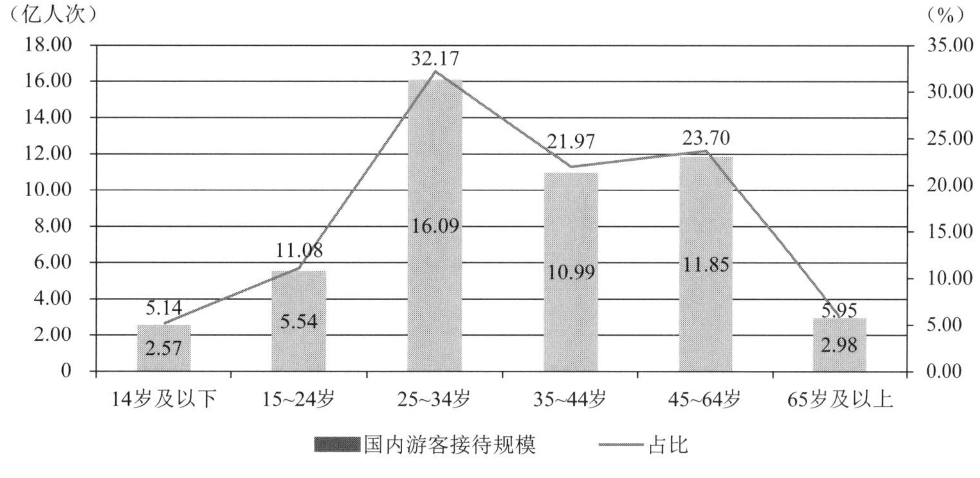

图 2-10　国内旅游人次年龄分布

3. 国内旅游市场呈现高学历趋势

从我国国内游客的受教育程度来看（图 2-11），2017 年我国国内旅游市场依然呈现高学历趋势。其中本科、大专学历的有 27.27 亿人次，人次最多；初中及以下学历有 10 亿人次，高中文化程度的旅游人次为 9.61 亿人次，研究生及以上文化程度的人次最少。而从我国高学历人群区域分布来看，他们主要集中在东部发达的城市群内，这也成为我国休闲度假旅游市场得以快速发展根本原因之一。

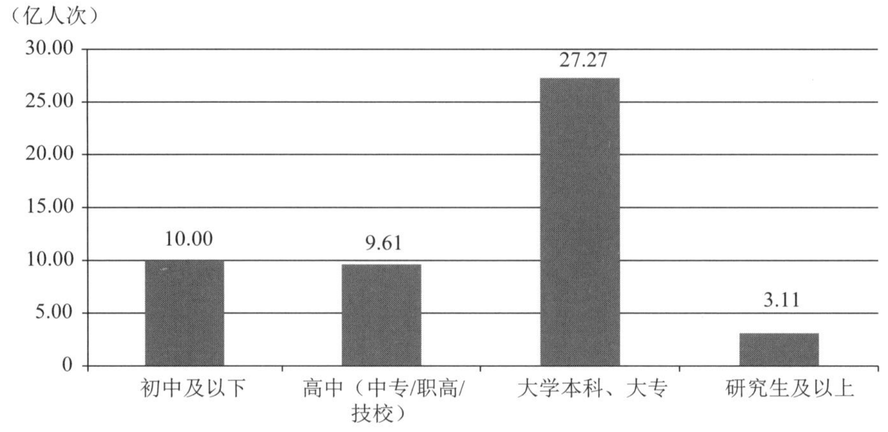

图 2-11　国内游客教育背景分布

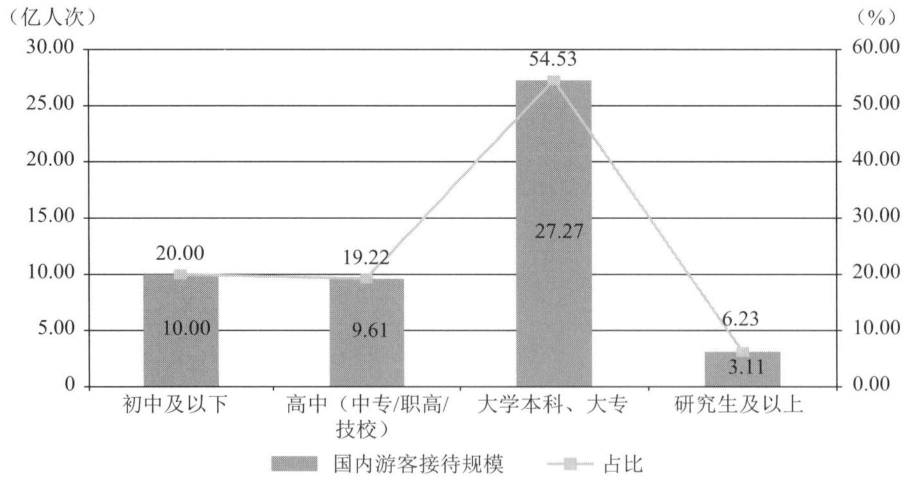

图 2-12　国内旅游者不同教育背景占比情况

由于我国城乡二元结构仍然严峻，教育水平差异较大，图 2–13 显示了我国国内游客教育程度在城乡中的差异分布。其中，城镇居民大学本科、专科人次最多，为 22.34 亿人次；农村居民中国内游客人数最多的也是大学本科、专科的游客为 4.93 亿人次，与上一年相比学历程度有所提升，但我国城乡国内游客的教育水平差异仍处于较大水平。

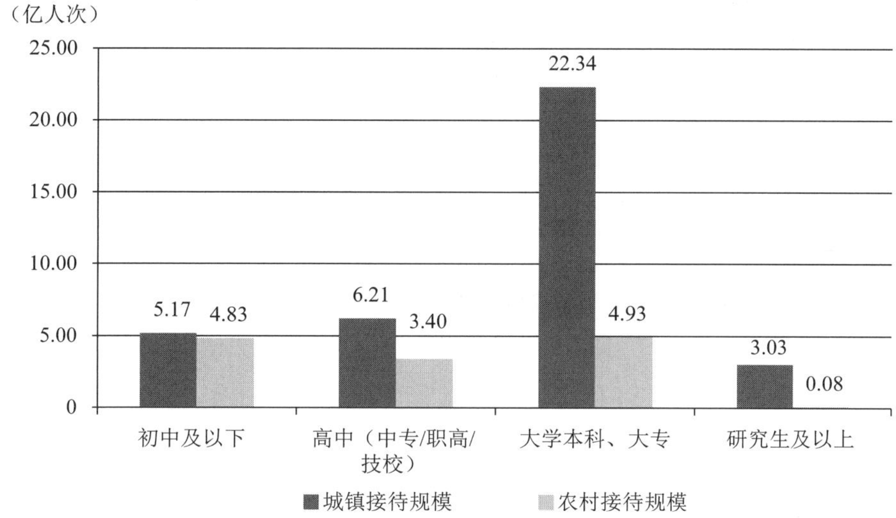

图 2–13　我国国内游客教育背景分布的城乡差异

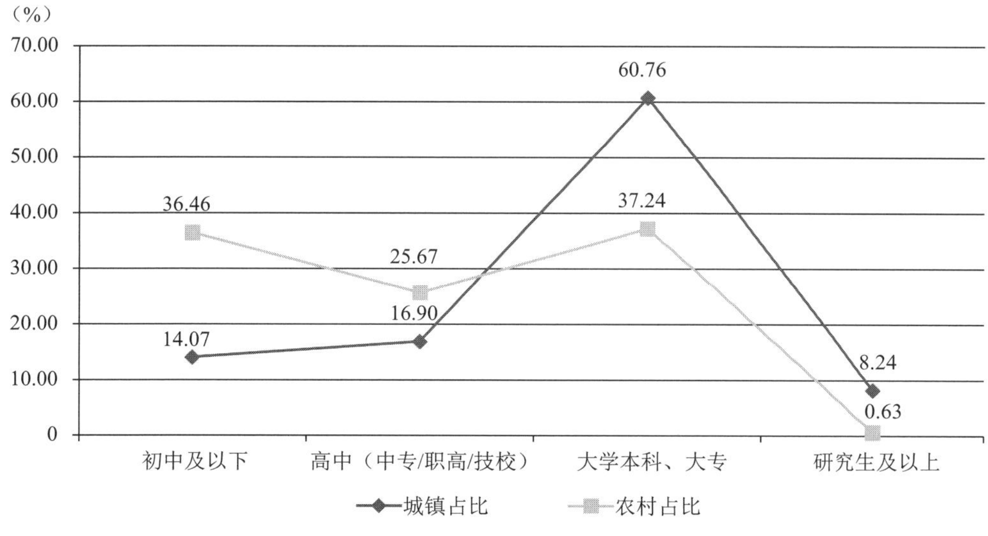

图 2–14　国内旅游者城乡教育差异占比情况

二、国内旅游出游潜力特征

以前六年相对成熟的旅游客源地潜在出游力研究为基础，沿用 2012 年的指标选择，并更新为 2018 年的数据，综合应用 SPSS 数据分析软件和 ArcGIS 空间分析软件，对 2018 年旅游客源地潜在出游力的区域分异特征进行系统解读。同时，本年度借助 2017 年“五一”小长假、“十一”黄金周和春节黄金周的游客出游统计情况，对客源地潜在出游力进行权重调整，使在社会经济统计指标基础上计算的客源地潜在出游力更能反映游客的真实出游能力。

将各省（区、市）因子综合得分进行标准化处理，可以得出 2018 年全国 31 个省（区、市）的客源地潜在出游力得分，得分介于 0~1，得分越高表征居民出游潜力越大，反之，得分越低表明居民出游潜力越小（见表 2-1）。

表 2-1　2018 年各省（区、市）客源地潜在出游力得分及排名

省（区、市）	潜在出游力得分	排名	省（区、市）	潜在出游力得分	排名
上海	1.0000	1	陕西	0.3508	17
北京	0.9793	2	山西	0.3257	18
江苏	0.8654	3	内蒙古	0.3026	19
广东	0.8058	4	江西	0.2891	20
浙江	0.7694	5	云南	0.2615	21
山东	0.7357	6	黑龙江	0.2564	22
福建	0.6736	7	吉林	0.2497	23
河南	0.6264	8	海南	0.2328	24
湖南	0.5932	9	贵州	0.2056	25
湖北	0.5628	10	广西	0.1862	26
河北	0.5291	11	新疆	0.1574	27
四川	0.4861	12	甘肃	0.1016	28
辽宁	0.4564	13	宁夏	0.0782	29
天津	0.4138	14	青海	0.0565	30
重庆	0.3997	15	西藏	0.0000	31
安徽	0.3746	16			

表 2-2　近几年各省（区、市）客源地潜在出游力排名对比

排名＼年份	2018	2017	2016	2015	2014	2013	2012	2011	2010
上海	1	1	1	2	3	2	2	1	2
北京	2	2	2	1	1	1	1	2	1
江苏	3	3	4	4	4	3	3	5	5
广东	4	4	3	3	2	4	5	3	3
浙江	5	5	5	5	5	5	4	4	6
山东	6	6	6	7	6	6	7	7	8
福建	7	7	8	9	9	9	9	8	9
河南	8	10	13	12	12	11	12	12	13
湖南	9	9	10	13	14	14	15	13	14
湖北	10	11	12	10	10	10	10	11	12
河北	11	12	9	11	11	13	11	10	11
四川	12	14	15	14	15	12	14	19	10
辽宁	13	13	11	8	8	8	8	9	7
天津	14	8	7	6	7	7	6	6	4
重庆	15	15	14	16	19	17	17	16	16
安徽	16	16	16	17	13	16	16	20	21
陕西	17	17	17	15	16	15	13	15	20
山西	18	18	19	19	23	19	18	14	19
内蒙古	19	19	21	22	21	22	20	18	30
江西	20	20	22	21	20	21	21	21	18
云南	21	22	24	26	26	25	27	26	22
黑龙江	22	21	18	18	18	18	19	22	15
吉林	23	23	20	20	22	20	22	17	17
海南	24	24	23	23	17	26	25	23	23
贵州	25	26	26	29	29	30	30	29	26
广西	26	25	25	24	24	24	24	24	24

续表

年份 排名	2018	2017	2016	2015	2014	2013	2012	2011	2010
新疆	27	27	27	25	25	23	23	27	27
甘肃	28	28	28	28	28	28	29	30	25
宁夏	29	29	29	27	27	27	26	25	28
青海	30	30	30	30	30	29	28	28	29
西藏	31	31	31	31	31	31	31	31	31

依据各省（区、市）的潜在出游力得分（见表 2–1、表 2–2），进行层次聚类分析，并应用 ArcGIS 进行空间趋势分析，可以得出客源地潜在出游力在区域间的如下分异特征："东中西"依次递减的三级阶梯状空间格局多年来一直保持相对稳定态势。

（一）区域间潜在出游力持续呈现均衡化趋势

2018 年，客源地潜在出游力在东中西三大区域之间的比例大约为 6.2∶2.5∶1.3，相比较长期处于"7∶2∶1"的三级阶梯状分布格局，继续呈现收敛趋势。即我国的客源市场有 62% 源自东部地区，25% 源自中部地区，13% 源自西部地区。而从发展趋势来看，东部地区累计潜在出游力所占比重由 2010 年的 70.0% 下降到 2017 年的 62.4%，呈现逐年降低趋势。与此同时，中西部地区所占比重在不断升高，累计潜在出游力所占比重由 2010 年的 30.0% 提升到 2017 年的 37.6%，区域之间的差距呈现出明显的收敛趋势。

（二）区域尺度——四大经济区出游潜力出现收敛趋势，但仍为出游潜力最强地区

传统的四个高客流产出区域：以北京为中心的环渤海都市圈、以上海为中心的长江三角洲都市圈、以广州和深圳为中心的珠江三角洲都市圈以及西南的成渝城市群，仍然是我国高客流产出区域，累计 51.6% 的出游力集中在上述传统经济区和新兴都市圈，但是相比较 2011 年的 57%，已明显下降。反映了四大核心经济区与其他区域之间的客源产出也出现了收敛趋势。

（三）省际尺度——沿海发达城市为出游潜力最强地区

可将全国 31 个省（区、市）划分为 5 中潜在出游力类型：①出游力极强地区：上海、北京、江苏、广东、浙江、山东、福建；②出游力强地区：河南、湖南、湖北、河北、四川、辽宁；③出游力较强地区：天津、重庆、安徽、陕西、山西、内蒙古；④出游力一般地区：江西、云南、黑龙江、吉林、海南、贵州、广西；⑤出游力弱地区：新疆、甘肃、宁夏、青海、西藏。出游力较高地区主要分布于我国东部和中部，而出游力较低地区则主要分布于我国西部地区，综合对比近几年三大区域各省（市、区）潜在出游力的排名变化，东部地区依然保持优势地位，但是中西部地区已出现排名交互变化现象，尤其是西部部分省（市、区）已超过中部地区的排名。

三、国内旅游市场消费特征

1. 2018 年四大区域国内旅游总收入水平差异

图 2-15 反映了 2018 年我国四大区域国内旅游总收入的差异情况。2018 年，各区域国内旅游总收入存在明显差异，其中东部地区国内旅游总收入为 73 787.05 亿元，占全国旅游总收入的 39.75%。中部地区和西部地区旅游总收入分别为 44 544.94 亿元和 55 616.19 亿元，占全国的 24.00% 和 29.96%，均有所上升。同时旅游总收入最少的区域为东北地区，为 11 673.47 亿元，占全国旅游总收入的 6.29%，与去年相比有所下降。由上述数据可以看出，中部地区和西部地区的国内旅游总收入呈现上升的趋势。其中，东部地区凭借良好的区位条件、发达的经济条件、广阔的旅游消费市场、完善的旅游配套设施、便捷的交通条件、丰富的旅游业态等条件，形成国内旅游收入稳居榜首，且遥遥领先的局面。

图 2-15 显示了 2018 年四大区域国内旅游收入的平均增长率，国内旅游收入最高的东部地区的增长率仅为 12.71%，增长较慢；中部地区旅游总收入平均增长率大幅度超过西部，处于领先地位，西部次之，分别为 31.33% 和 21.03%，东北地区与 2017 年的 17.40% 的平均增长率相比增速下滑明显，呈现为 6.29% 的平均增长率，但仍保持着不断增速的势头。总体上看，中西部地区旅游总收入增长率相对较高，并连续数年持续领先。另外，由于东北地区之前一直注重发展重工业，使其经济收入一直来源于第一产业，近年来，由于国家政策的支持，各级政府及地方官员开始重视旅游这一新兴产业，加大地方政策和资金的投入，整合东北地区旅游资源，分析资源优势，在全域旅游、旅游 +、特色小镇、厕所革命等浪潮的推动下，旅游产业在东北地区遍地开花。旅游配套设施

的不断完善与升级，加之独特的东北旅游资源以及文化资源，吸引众多旅游者前往体验和享受，从而使得东北地区的旅游收入不断增长，一改之前经济疲软的态势。

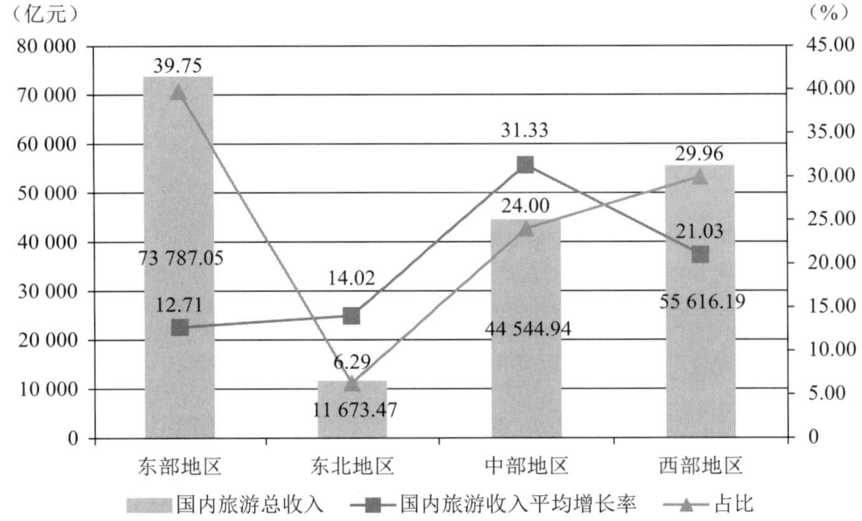

图 2-15　2018 年四大区域国内旅游总收入情况

2. 2018 年四大区域国内接待旅游人数差异

由图 2-16 可知，2018 年我国四大区域接待国内游客人数之间差距较大，其中西部地区接待国内游客数最多，为 49.35 亿人次，首次超过东部地区成为第一；东北地区接待游客数最少，为 9.65 亿人次；中、东部游客接待量差距不大，分别为 43.7 亿人次和 48.74 亿人次。从上述数据可以看出我国东部地区的经济优势为其增强了接待能力，又加上其交通便利，交通通达性好，且旅游资源丰富，所以东部地区的接待游客数量最多。另外，东北地区因为季节性强、旅游设施不完善、5A 级景区较少，五星级酒店配比不足，农家乐、民俗等新兴业态不足，以及气候环境、地理位置等原因导致国内接待人数最少。而西部地区虽然也存在上述原因，但是人们更倾向于心灵鸡汤之旅，像青海湖、西藏纳木错、林芝、甘肃敦煌莫高窟、新疆阿勒泰以及四川稻城亚丁等地可净化人的心灵，所以西部地区国内接待旅游人数 2018 年占据第一的位置。

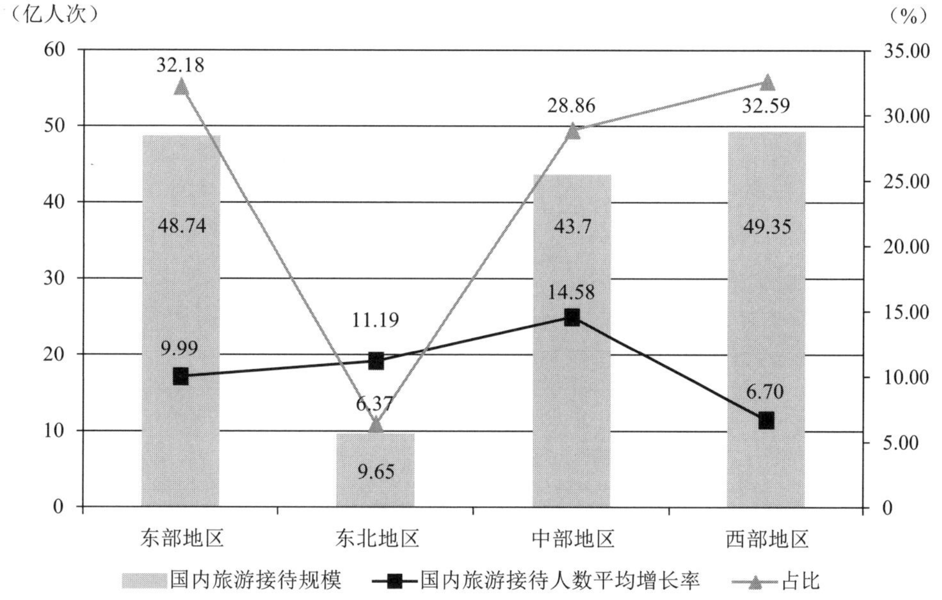

图 2-16　2018 年四大区域国内接待旅游人数

3. 四大区域国内旅游人均消费水平差异

2018 年四大区域国内旅游人均消费全国各地区仍存在较大差异。其中，东部地区的国内旅游人均消费最高，达到 1566.73 元。其次是东北和西部地区，国内旅游人均消费分别为 1350.53 元和 1274.23 元，而国内旅游人均消费最少的是中部地区，仅为 1019.79 元（见图 2-17），四大区域国内旅游人均消费水平均有所提高。由上述数据可以看出东部地区因其经济发达的优势从而使得国内旅游人均消费水平最高，东北地区次之，而中部地区经济欠发达，且旅游业不发达，所以国内旅游人均消费最低。而西部地区近年来旅游市场发展得如火如荼，国家以及当地地区都比较重视当地旅游业的发展，相关政策不断印发，扶持资金不断流入，旅游基础设施不断完善，加之由于它的地理环境和自然环境，旅游者大量涌入并停留，使其旅游人均消费水平高于中部地区。

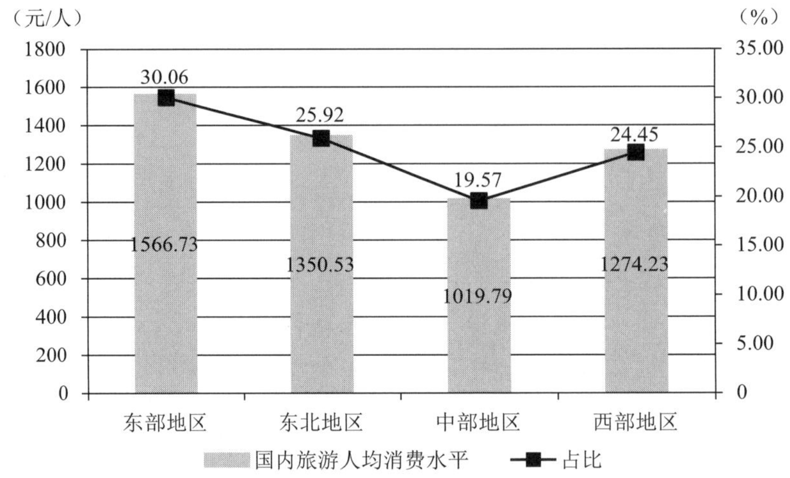

图 2–17　四大区域国内旅游人均消费

四、国内旅游市场行为特征

（一）城镇居民旅游市场行为特征

1. 探亲访友是城镇居民出游主要目的

2017 年，我国国内城镇居民的旅游动机以探亲访友为主，占 29.8%，其次是观光游览占 29.4%，再次是休闲度假占 24.8%，商务出差、文娱体育健身、健康疗养以及其他旅游目的的游客比例分别为 11.9%，2.1%，1.1%，0.9%。可以看出，我国城镇居民已经走过纯观光游阶段，进入以探亲访友结合休闲度假为目的的旅游新阶段，这与我国社会经济发展具有较为密切的关系。

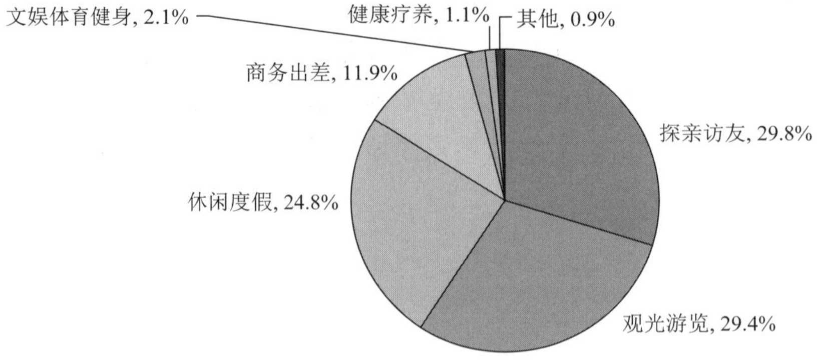

图 2–18　城镇居民国内游客旅游人次占比（按旅游目的分类）

按旅游方式分，图 2–19 显示了城镇居民游客中旅行社组织的团队游客占 5.2%，自由出行的散客占 94.8%。这说明了城镇居民倾向于自由行，而不是跟团游。这跟居民的消费意识和消费方式发生改变有关，同时，与国内旅游交通系统越来越发达有关。

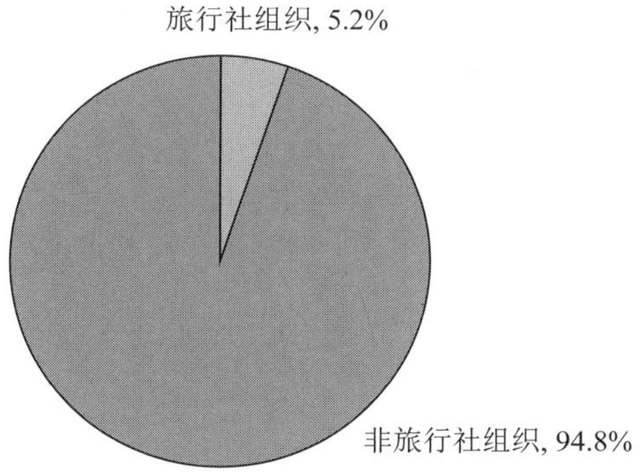

图 2–19 城镇居民国内游客旅游人次占比（按旅游方式分类）

2. 城镇居民旅游消费水平较高，且消费结构相对均衡

我国城镇居民 2017 年人均每次出游花费约 1368.3 元，按旅游目的分，商务出差的游客人均花费最高，达 2206.2 元；健康疗养人均花费 1576.7 元，观光游览人均花费 1413.3 元，休闲度假人均花费 1385.6 元，文娱体育健身人均花费 1062.7 元，探亲访友人均花费 1003.7 元，其他旅游目的人均花费 900.1 元。探

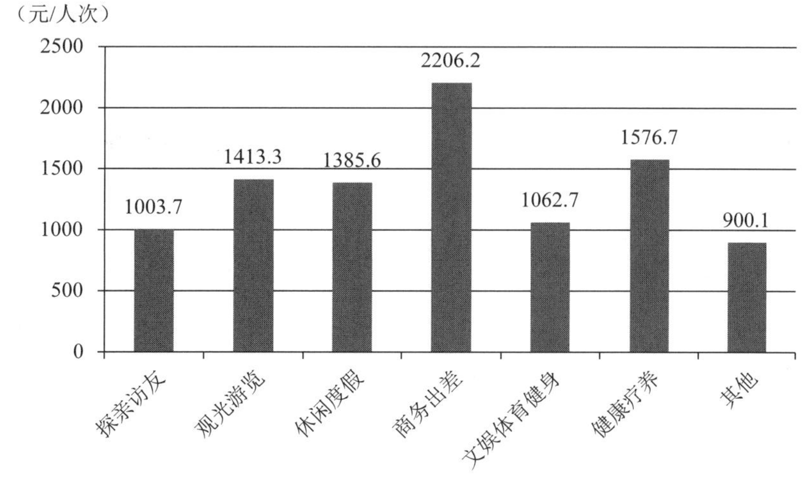

图 2–20 2017 年城镇游客出游人均花费（按旅游目的分）

亲访友和观光游览是城镇居民最倾向的出游目的，但其花费并不是最多的，反而是商务出差的人均花费最多，这说明我国城镇居民出游意愿与实际花费的不匹配，这与我国的国情有关。我国经济水平逐年提升，但居民的整体消费能力仍然不高。

按旅游方式分，旅行社组织的游客人均花费 2472.6 元，非旅行社人均花费 1307.8 元。旅行社组织的游客人均花费与 2016 年相比增幅较大，非旅行社人均花费也有所增长。其原因主要是高铁、动车的大量投入运行，高速公路的不断拓宽与修建，使一小时旅游圈的空间范围不断扩大，所以非旅行社组织的自驾游、自助游、散客的出行人数增加，从而造成旅行社组织的游客人均花费下降，但非旅行社组织的出游时间以一日游为主，因此非旅行社人均花费的增量不是很大。

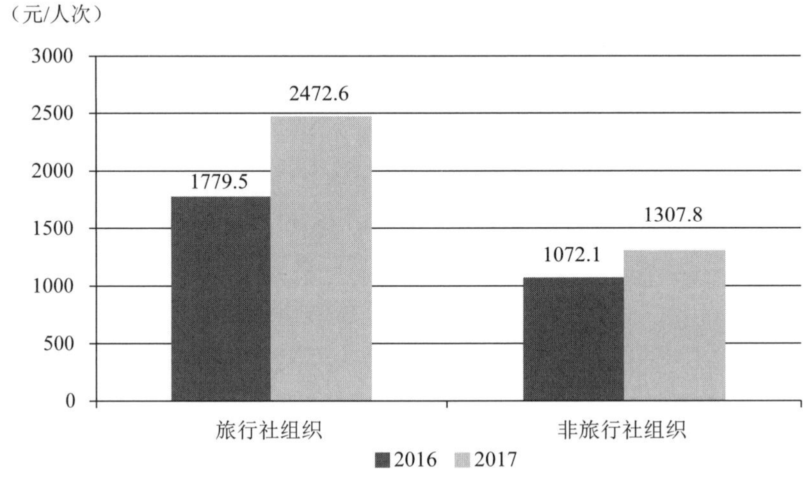

图 2-21　城镇居民游客每次出游人均花费（按旅游方式分）

图 2-22 显示了城镇居民自助出游散客的花费构成情况是：交通费占比最高，为 36.3%，住宿费占 17.5%，餐饮费占 22.9%，购物费占 12.7%，景区游览费占 5.4%，其他费用占 5.2%。这几项花费中交通和餐饮占据了总体花费的一半以上，其中餐饮费超过住宿费说明居民更愿意在吃上花费更多的资金，对住宿要求不高。

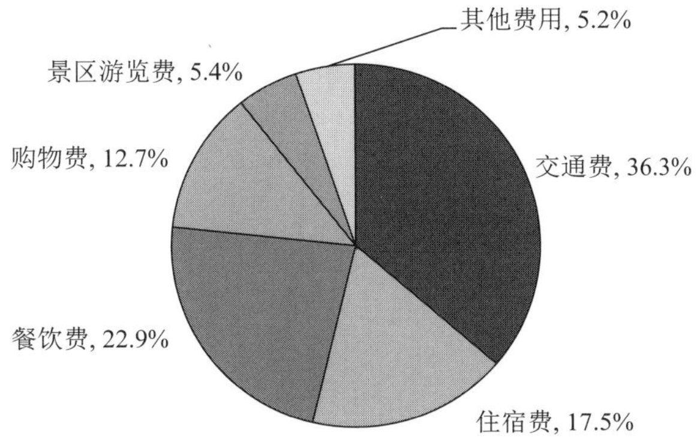

图 2-22　城镇居民散客出游花费构成

3. 青少年游客更偏向休闲度假娱乐，中老年游客更偏向探亲访友及观光

图 2-23 描述的是不同年龄阶段城镇居民出于不同旅游目的出游人次的对比，各个年龄段出游目的大致相同，都较为集中，都更倾向于观光游览的旅游目的；其次是探亲访友的出游目的，且较去年增长较大；再则是休闲度假和商务出差的目的，而出于文娱体育健身和养生保健疗养的旅游人数最少。具体来

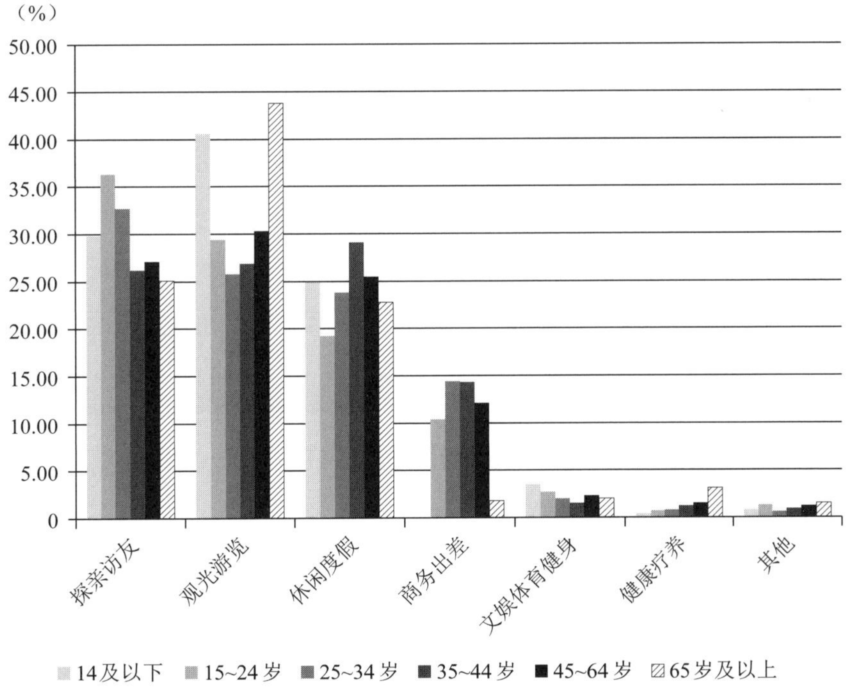

图 2-23　不同年龄段，不同旅游动机的城镇游客构成

看，在观光游览方面，65 岁及以上游客所占比重最高，所占比例为 43.8%，其次是 14 岁及以下的游客，所占比例为 40.6%，再次是 45~64 岁阶段的游客，所占比重为 30.3%，25~34 岁以及 15~24 岁之间的游客所占比重相对最低，分别为 25.8% 和 29.4%。

（二）农村居民旅游市场行为特征

1. 探亲访友游和观光游览游是农村居民出游最喜欢的两种方式

从农村居民出游目的来看，探亲访友所占比例最高，占到 35.7%，其次是观光游览，占到 22.8%，再则是商务出差，占到 18.3%。其余几个目的的旅游人数所占比重相对较低，其中休闲度假占 14.5%，健康疗养占 1.9%，文娱体育健身占 1.5%，其他旅游目的占 5.3%。

在农村居民出游人次中，旅行社组织的团队游客占 2.8%，非旅行社组织的自助出游散客占 97.2%。散客占据绝大部分，说明了农村居民也倾向于自助出行，不太愿意跟团游。

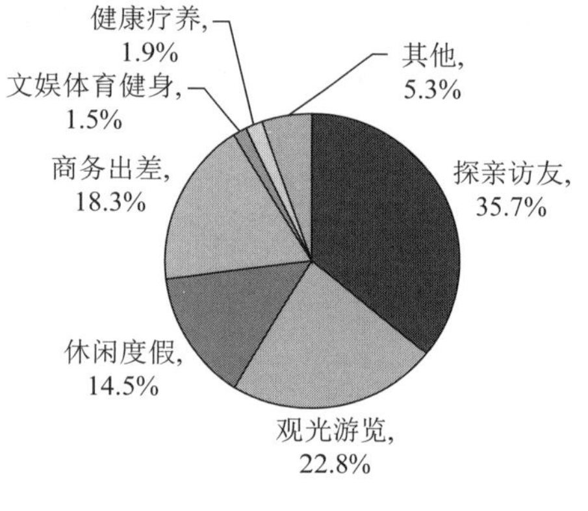

图 2-24 不同出游动机的农村游客构成

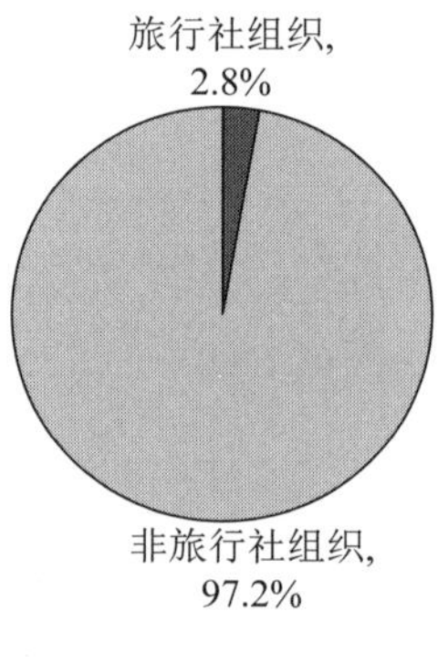

图 2-25 不同出游方式的农村游客构成

2. 农村居民旅游消费水平较低，观光游览人均花费最高

2017 年农村居民人均每次出游消费约为 814.6 元。按旅游目的分，健康疗养的游客人均每次花费最高，达 1283.8 元；观光游览人均每次花费 951.9 元，商务出差人均每次花费 1013.2 元，休闲度假人均每次花费 961.8 元，探亲访友人均每次花费 590.7 元，文娱体育健身人均每次花费 559.0 元，其他旅游目的人均花费 546.4 元。健康疗养的旅游人数虽然只占整体人数的 1.9%，但人均每次花费却是最高的。

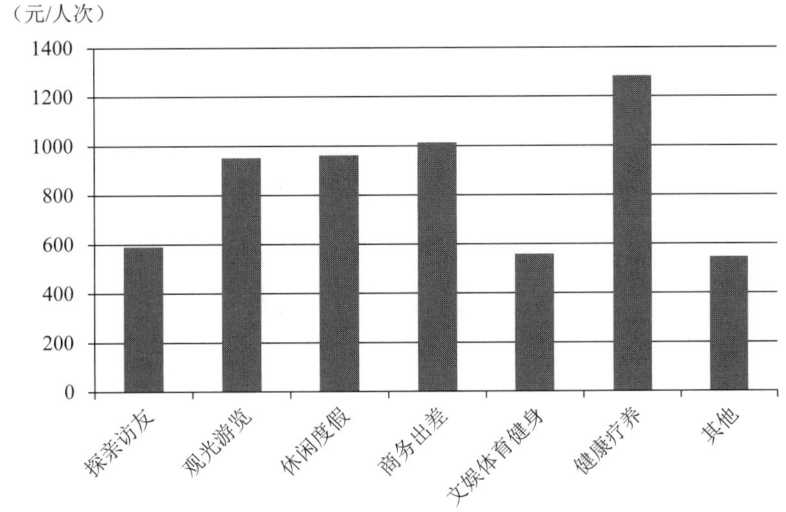

图 2-26 不同动机的农村游客出游花费

从出游方式来看，农村游客中旅行社组织的游客人均花费 1703.6 元，非旅行社人均花费 788.7 元。旅行社组织的游客人均每次花费是非旅行社组织的游客的两倍多。

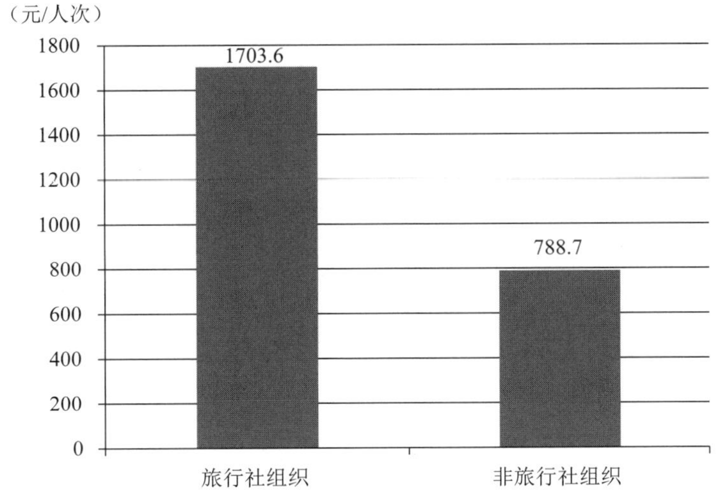

图 2-27 不同出游方式的农村游客出游花费

图 2-28 显示了农村居民散客出游的花费构成情况是：交通费占比最高，为 34.9%，餐饮费其次，占 25.2%，住宿费占 12.6%，购物费占 14.8%，景区游览

费占 4.8%，其他费用占 7.7%。

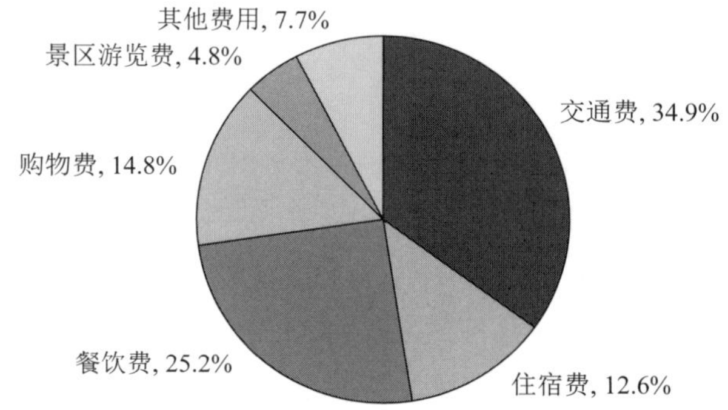

图 2-28　农村游客旅游消费结构

3. 青少年偏向于观光游览、休闲度假和探亲访友，老年人外出办事、探亲访友比例较高

图 2-29 描述的是 2017 年不同年龄阶段农村居民出于不同旅游目的出游人次的对比，各个年龄段出游目的集中在外出办事、观光游览和探亲访友三个目的，但趋势没有城镇居民集中，老年人外出办事、探亲访友的比例较高。

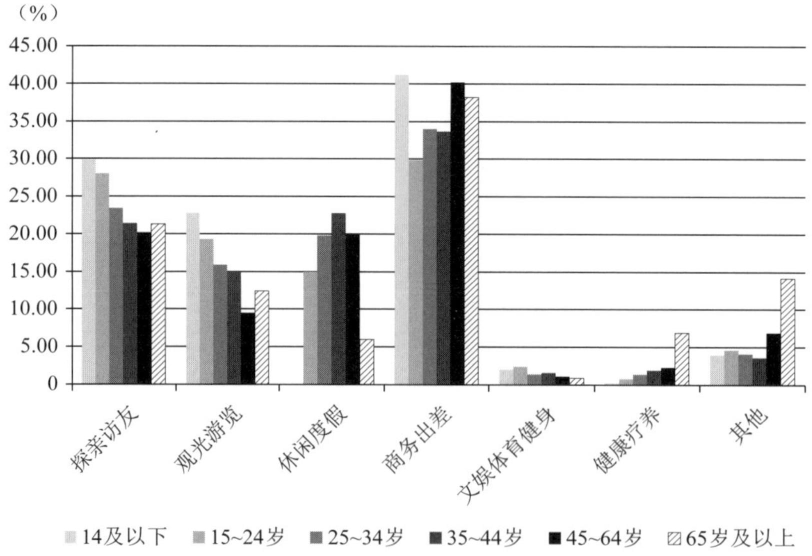

图 2-29　农村居民不同年龄阶段的旅游人次构成（按不同旅游目的划分）

将城镇居民和农村居民出游的行为特征进行对比后发现，我国城乡居民收

入逐渐收敛，我国国内农村居民出游人次、出游率和人均花费不但大大低于城镇居民，而且差距正越来越明显。在出游目的上，城镇居民观光游览是首选，农村居民则倾向于外出办事是首选，相同点是探亲访友、观光游览均排在前三位，不同的是在商务出差方面，农村居民比例显著高于城镇居民。从出游方式上，城镇居民和农村居民都更倾向于以散客的方式进行，跟团游的人数很少。二者对比，农村散客在总体中所占的比重要高于城镇散客，但差异很小。

从人均花费上来看，城镇居民和农村居民都在交通费和餐饮费上花费较多，值得一提的是农村居民购物费在所有花费中的比重要高于城镇居民的购物费比重，住宿费在所有花费中的比重低于城镇居民的住宿费比重，说明二者的消费意识仍存在差异。在出游目的上，城镇居民和农村最大的区别在人均花费最高方面，农村居民是健康疗养的游客人均花费最高，而城镇居民是商务出差的人均花费最高，同时，城镇与农村居民都在健康疗养方面花费较多，这可能和居民的健康保健意识提高有关。在出游方式上，无论是城镇居民还是农村居民，都是跟团游花费要高于散客花费，且是散客花费的二倍之多。

从不同年龄阶段来对比城乡旅游市场行为特征，每个年龄阶段对旅游目的的偏好是相同的，都偏好休闲度假娱乐和探亲访友的出游目的，但农村居民的趋势走向没有城镇居民集中。无论是城镇居民还是农村居民，都倾向于本地游，异地游的比重较低。

第三章

国内旅游产业发展特征

一、2018年旅游目的地空间结构特征

（一）旅游景区指数

1. 目的地景区指数不断提升

为了研究国内旅游的产生和发生机制，本报告选择了各地区的5A级和4A级景区作为核心旅游吸引物进行研究。

从全国5A级景区的区域分布来看（图3-1），江苏省5A级旅游景区数量仍居于全国第一，共有23家，超过第二名浙江6家。其次进入5A级旅游景区前五名的其他省份为浙江（17家）、河南（13家）、广东（13家）和新疆（12家）。而天津、上海、青海、西藏、甘肃和宁夏的5A级景区规模相对最小。总体来看，在综合考虑区域面积，国内旅游市场规模后，地方旅游行业的发展与当地5A级景区数量具有很强的正相关性，尤其是国内旅游收入尤为如此。

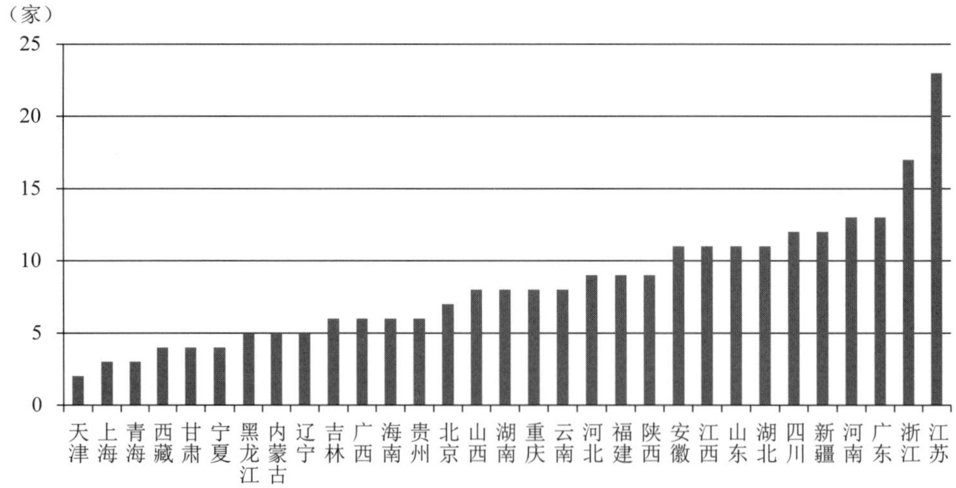

图3-1　2018年各省份5A级旅游景区数量

从2018年4A级景区的区域分布来看，全国4A级旅游景区最多的省份为山

东，有 212 家。其次进入 4A 级旅游景区排名前五位的其他省份为四川、安徽、广东和浙江，而西藏、宁夏、海南、青海和天津的 4A 级景区规模相对最少。

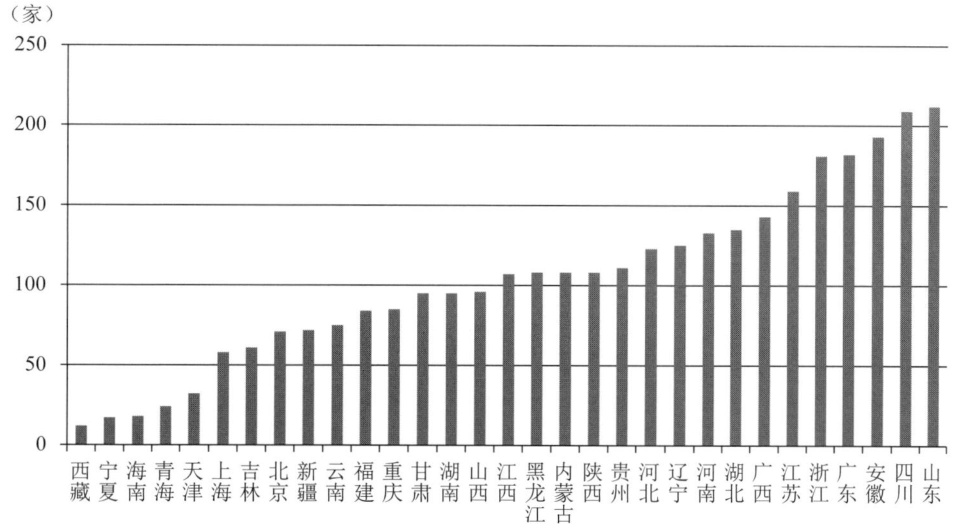

图 3-2　2018 年各省份 4A 级旅游景区数量

将 5A 级景区和 4A 级景区数量进项标准化，构建各地区旅游景区指数。由图 3-3 可以看出，景区指数最高的五个省份分别为江苏、浙江、四川、山东和广东。景区指数最低的五个省份分别是西藏、天津、青海、宁夏和海南。

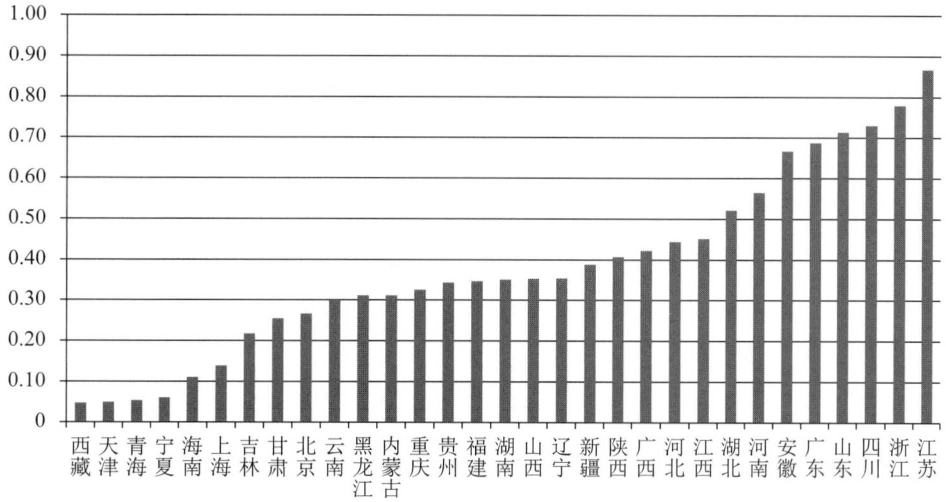

图 3-3　各省份景区指数排名

2. 景区动态化管理成常态，提升地方景区指数

近年来，为进一步树立A级旅游景区品牌形象，各地不断加大A级旅游景区动态管理力度。根据《旅游景区质量等级的划分与评定》国家标准和《旅游景区质量等级管理办法》，文化和旅游部于2018年11月1日，公布了各省级文化和旅游部门对山西省晋城市丹朱岭旅游区等11家4A级景区予以摘牌的处理决定（被摘牌处理的11家景区：山西省晋城市丹朱岭旅游区、内蒙古自治区呼伦贝尔市扎兰屯吊桥公园、吉林省四平市伊通牧情谷景区、江苏省苏州市西园寺景区、浙江省宁波市大桥生态农庄景区、江西省九江市瑞昌红木博览城、湖北省荆州市洪湖蓝田生态旅游风景区、广东省韶关市银山户外运动养生景区、广西壮族自治区柳州市贝江景区、贵州省贵安新区车田景区、青海省果洛州玛多黄河源旅游区）。被处理景区存在的主要问题包括：对本地区景观和服务质量退化，服务设施缺失，厕所革命滞后，游客体验度差，旅游功能弱化等。

2019年8月，文化和旅游部决定，对山西省晋中市乔家大院景区予以取消质量等级处理，对辽宁省沈阳市沈阳植物园景区、浙江省温州市雁荡山景区、河南省焦作市云台山景区、广东省梅州市雁南飞茶田景区、四川省乐山市峨眉山景区和云南省昆明市石林景区等6家5A级旅游景区予以通报批评处理，限期3个月整改。

文化和旅游部相关负责人表示，文化和旅游部将不断加强景区动态管理，提升旅游景区质量。将进一步健全完善A级景区动态管理机制，坚持5A级景区进出有序，动态管理，加大事中事后监管力度，推进景区安全、质量、秩序常态化监管，督促指导各类旅游景区不断提升管理服务水平，使5A级景区始终保持环境优美、服务周到、品质上乘、游客满意的旅游品牌。

（二）旅游接待能力指数

2018年，江苏、广东、浙江分列国内旅游收入前三位，山东、江苏、贵州分列接待旅游人次前三位，宁夏、云南、贵州国内旅游收入增幅最大，内蒙古、广东、吉林国内旅游人均消费最高。

1. 各省份国内旅游收入差距较大，呈现东多中少，南多北少的格局

旅游收入由旅游接待人数确定，是确定国内旅游目的地的重要指标，易受各地区旅游业创造价值的能力的能力影响。本节研究了2018年各省份国内旅游收入在空间上的分布特征，以及与2017年相比的发展演变趋势。

从图3-4可以看出2018年各省份国内旅游收入存在较大差距，江苏省以

12 851.3 亿元超越广东，跃居第一。此外，广东、浙江、山东三省国内旅游收入超过 10 000 亿元。宁夏、青海、西藏、海南国内旅游收入处于较落后的排名，旅游收入不足 1000 亿元。其中宁夏旅游总收入为 300 亿元，较上一年增长明显，占全国旅游总收入的 0.16%，占江苏省旅游总收入的 2.33%。

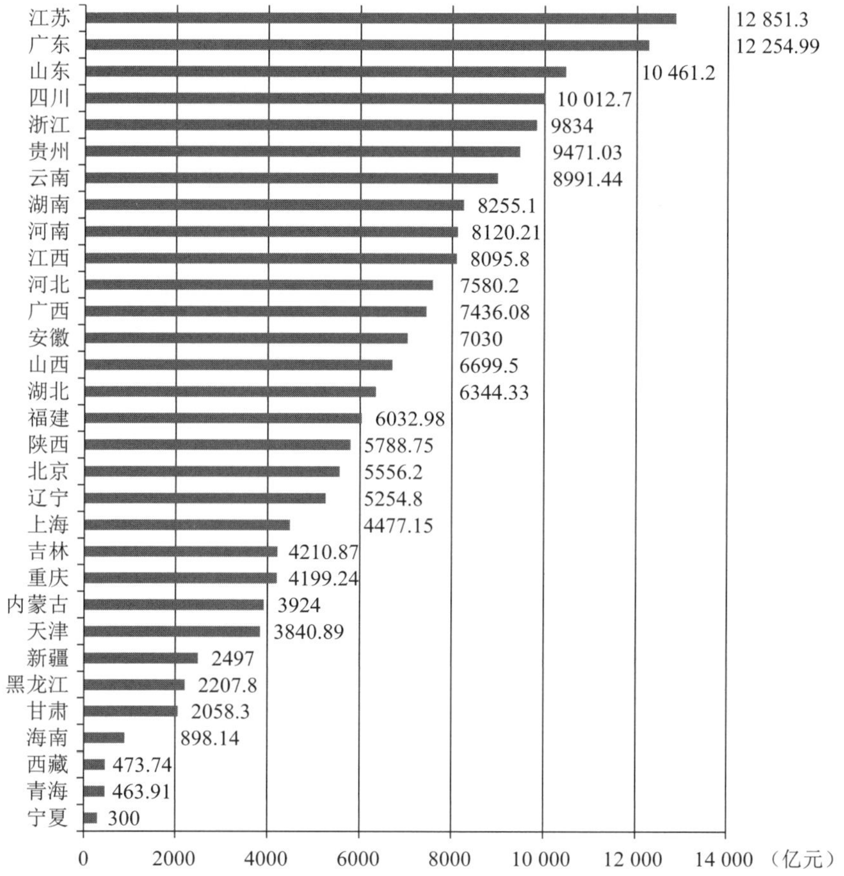

图 3–4　2018 年各省份国内旅游总收入

2018 年各省份之间的国内旅游收入的增长速度不均衡，国内旅游收入增长率最高的是宁夏，年增长率为 50.16%，新疆维吾尔自治区紧随其后，增长率为 29.85%，位居第三位的广西，增速为 27.14%。总体来看，2018 年各省份国内旅游收入均有所增加，无负增长情况，但增速均有所放缓。

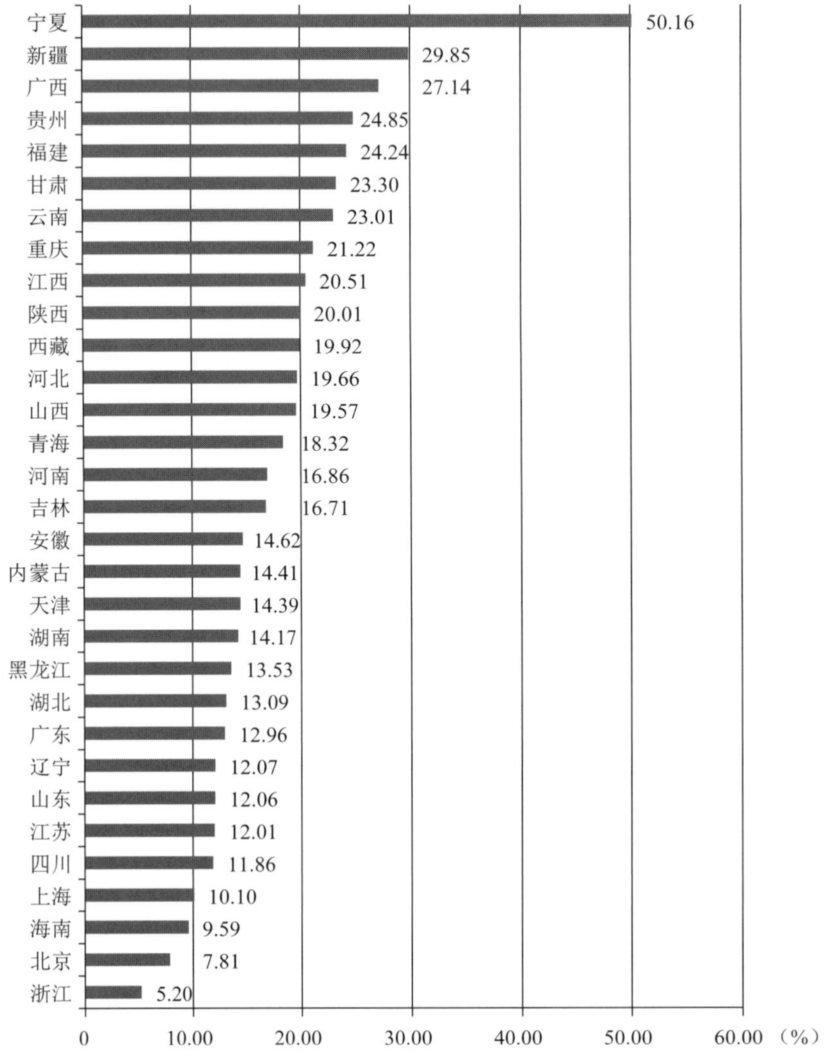

图 3-5　2018 年各省份国内旅游收入增长率

2018 年，各地区国内旅游收入如图 3-6，东部地区以 85 460.52 亿元的国内旅游收入稳居区域首席，而中部地区的国内旅游收入仅有 44 544.94 亿元，是东部地区的二分之一。西部地区历史资源丰富，但自然资源相对缺少，再加上政府、地方居民对历史文化遗迹的保护程度不足、开发力度不够，相对应的配套设施有待完善等一系列问题，使其国内旅游收入相对处于劣势，为 55 616.19 亿元。

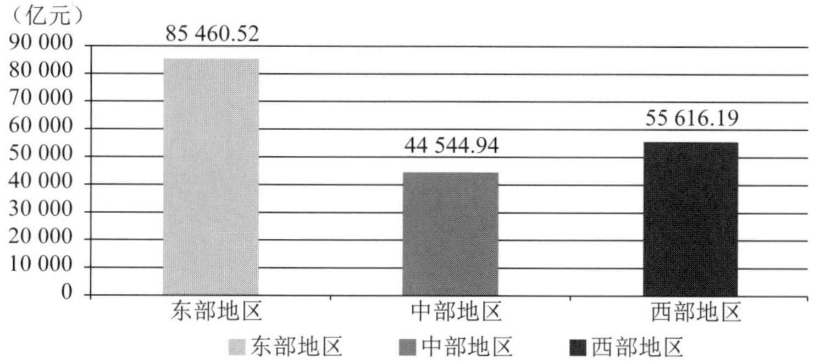

图 3-6　各地区国内旅游收入情况

2. 各省份接待国内游客人数差距明显，呈现东多中少，南多北少的格局

由图 3-7 可以看出，2018 年我国各省份国内接待游客人数差距较大，其中贵州省以 9.69 亿人次位居全国榜首，山东省则退居第二位，接待国内游客人数为 8.6 亿人次，第三位仍是江苏省，接待国内游客人数分别为 8.14 亿人次。宁夏、西藏、青海、海南四省、自治区接待游客数量最少，均不足 1 亿人次。

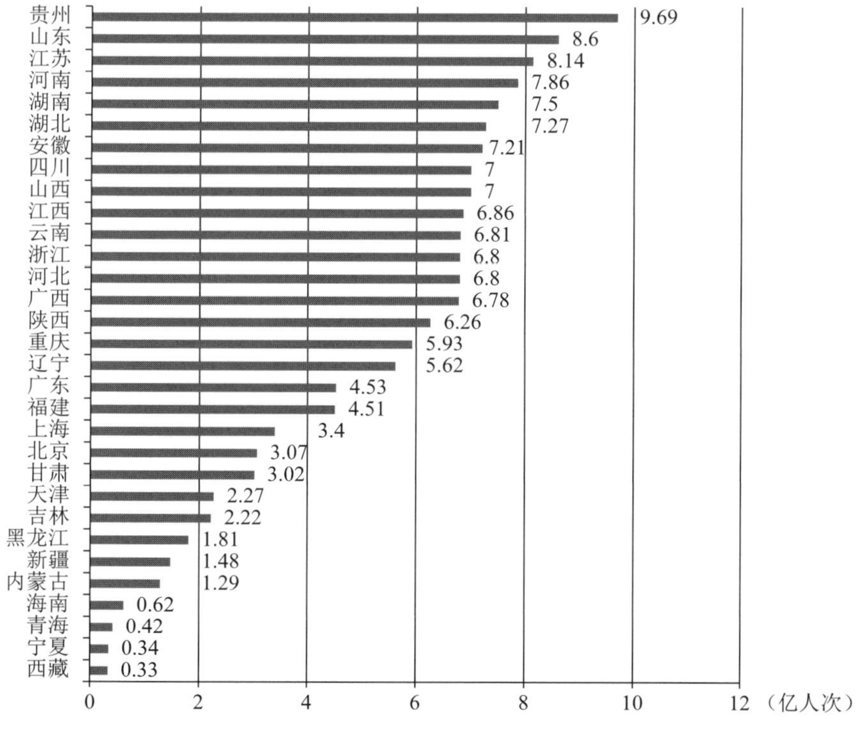

图 3-7　2018 年各省国内旅游接待规模

由图 3-8 可以看出我国各省份之间旅游接待增长率上差距较大。其中增长率最快的是宁夏回族自治区，国内游客接待人数增长率高达惊人的 61.76%，远远超出其他省份。新疆维吾尔自治区和贵州省的增长率位于第二、第三名，其增长率分别为 29.05% 和 26.63%。增长率最低的省份为海南、四川和北京，其中海南省国内游客接待人数为负增长，其余两省市增长率均不超过 6%，分别为 4.29% 和 5.54%。

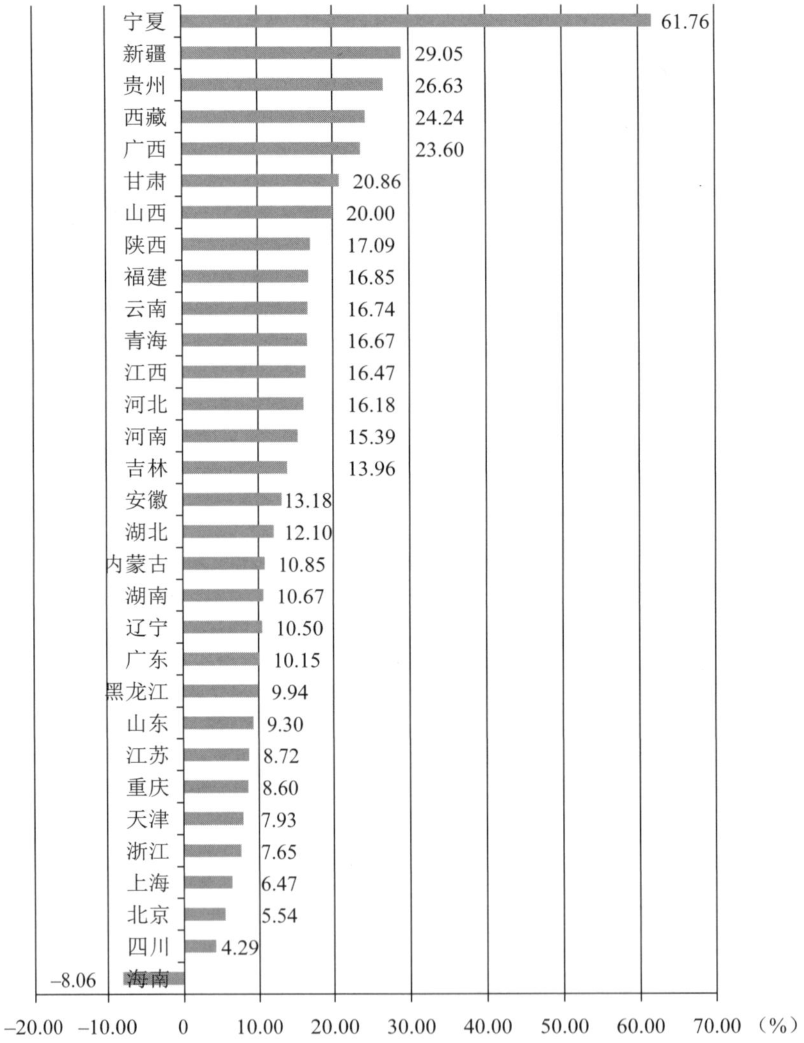

图 3-8 2018 年各省国内旅游接待人数增长率

由图 3-9 可以看出来，各区域间旅游接待量之间存在着较大差异，东部地区凭借接待 51.96 亿人次的游客量而位居榜首，而中部地区游客接待量最少，为 43.7 亿人次，呈现出东多中少的游客接待量的格局。

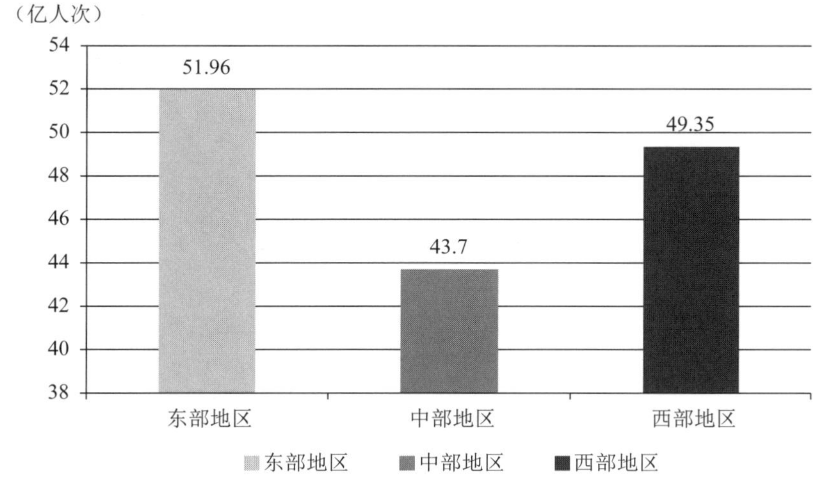

图 3-9 各地区国内旅游接待量

3. 目的地旅游消费水平与当地整体物价呈现正相关关系

国内旅游人均消费指标是由国内旅游收入除以国内旅游人次之后得出，反映了国内旅游每人次的消费额，是反映各地区旅游业创造价值能力的重要指标。本书主要研究 2018 年国内旅游人均消费在空间上的分布特征。

图 3-11 反映了我国各省份国内旅游人均消费差距。2018 年内蒙古的国内旅游人均消费仍位居全国第一，其国内旅游人均消费达到 3041.86 元。国内旅游人均消费超过 1000 元的省份数量减少为 22 个，包括内蒙古、广东、吉林、北京、新疆、天津、江苏、海南、浙江、西藏、四川、福建、云南、上海、黑龙江、山东、江西、河北、青海、湖南、广西和河南。

2018 年各地区的国内旅游人均消费地理分布，并不像国内旅游接待人数或国内旅游收入一样表现出明显的中、东、西分布的特征。其中，经济发达的京津地区和长江三角地区旅游人均消费较高，国内旅游规模较小的新疆、西藏和内蒙古等边疆地区旅游人均消费较高，而传统旅游大省（市）中重庆和甘肃等地区消费人均消费则相对较低。

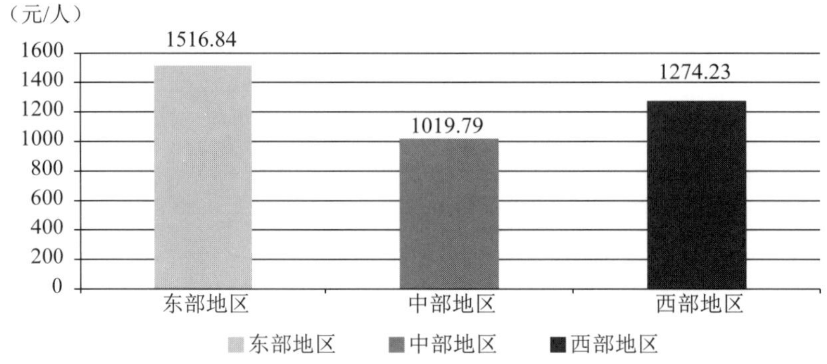

图 3–10　各地区国内旅游人均消费水平

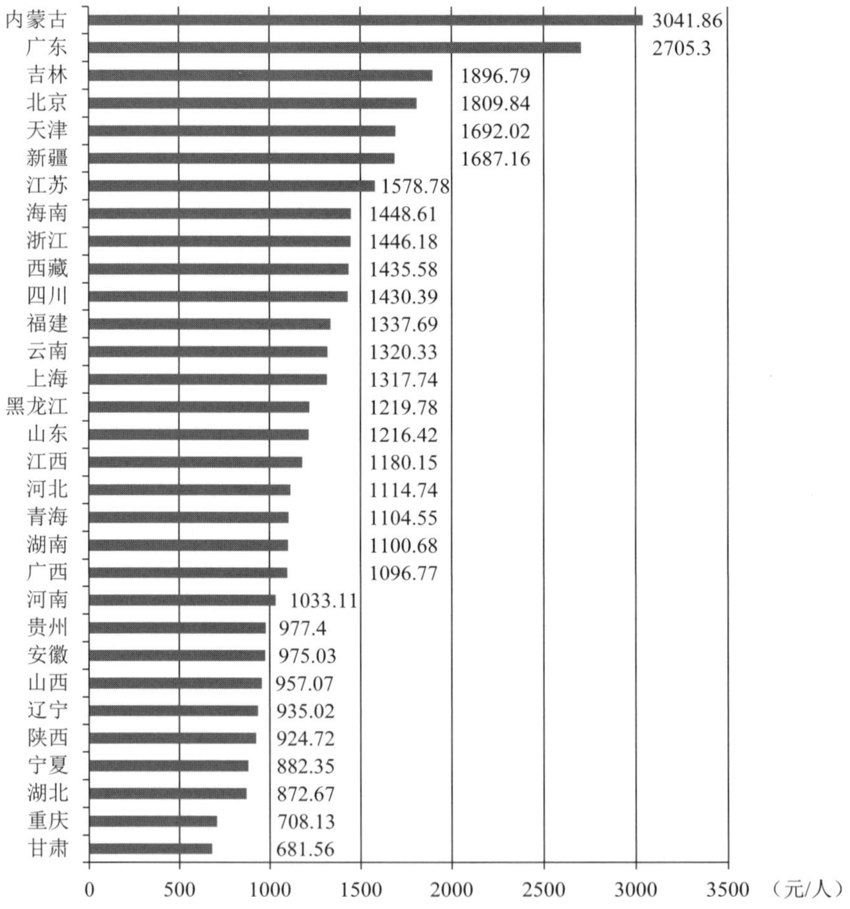

图 3–11　2018 国内各省份旅游人均消费水平

（三）星级酒店发展指数

1. 各地区高星级饭店数量情况，中部最少

2018 年，从我国各省份高星级星级饭店数量排名来看，总体呈现东多西少的格局。其中五星级饭店数量排名前三位省份为广东、江苏和浙江三省，分别为 106 家、85 家和 78 家。四星级酒店中，数量排名的前三位是浙江、江苏、山东三省，分别有 168 家、152 家和 139 家四星级酒店。西藏、宁夏、青海等西部省份高星级酒店较少，其中五星级酒店数量均不超过 3，四星级酒店的数量分别为 14 家、33 家和 37 家。

表 3-1　2018 年各省份五、四星级饭店数

单位：家

省份	5星级	4星级	饭店指数	省份	5星级	4星级	饭店指数
北京	61	121	0.65	河南	19	86	0.35
天津	15	34	0.17	湖北	22	83	0.35
河北	18	96	0.37	湖南	19	66	0.29
山西	15	49	0.22	广东	106	133	0.90
内蒙古	9	35	0.15	广西	10	84	0.30
辽宁	23	67	0.31	海南	23	36	0.22
吉林	3	34	0.12	重庆	28	48	0.27
黑龙江	6	45	0.16	四川	28	103	0.44
上海	72	65	0.53	贵州	6	53	0.19
江苏	85	152	0.85	云南	19	74	0.31
浙江	78	168	0.87	西藏	2	14	0.05
安徽	23	107	0.43	陕西	15	45	0.20
福建	49	123	0.60	甘肃	3	70	0.22
江西	16	100	0.37	青海	1	37	0.11
山东	33	139	0.57	宁夏	0	33	0.10
新疆	12	51	0.21				

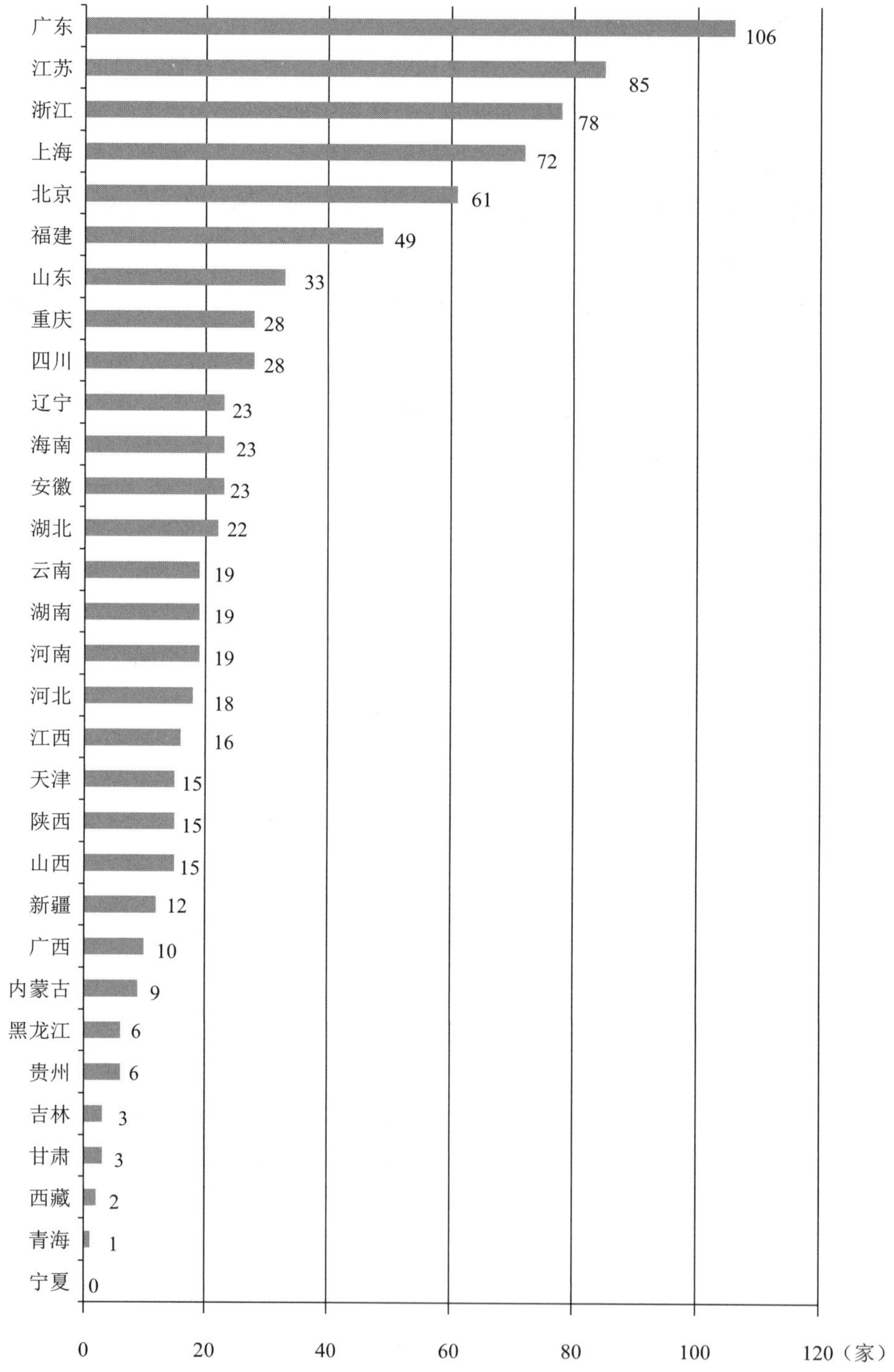

图 3-12 全国各地五星级酒店分布情况

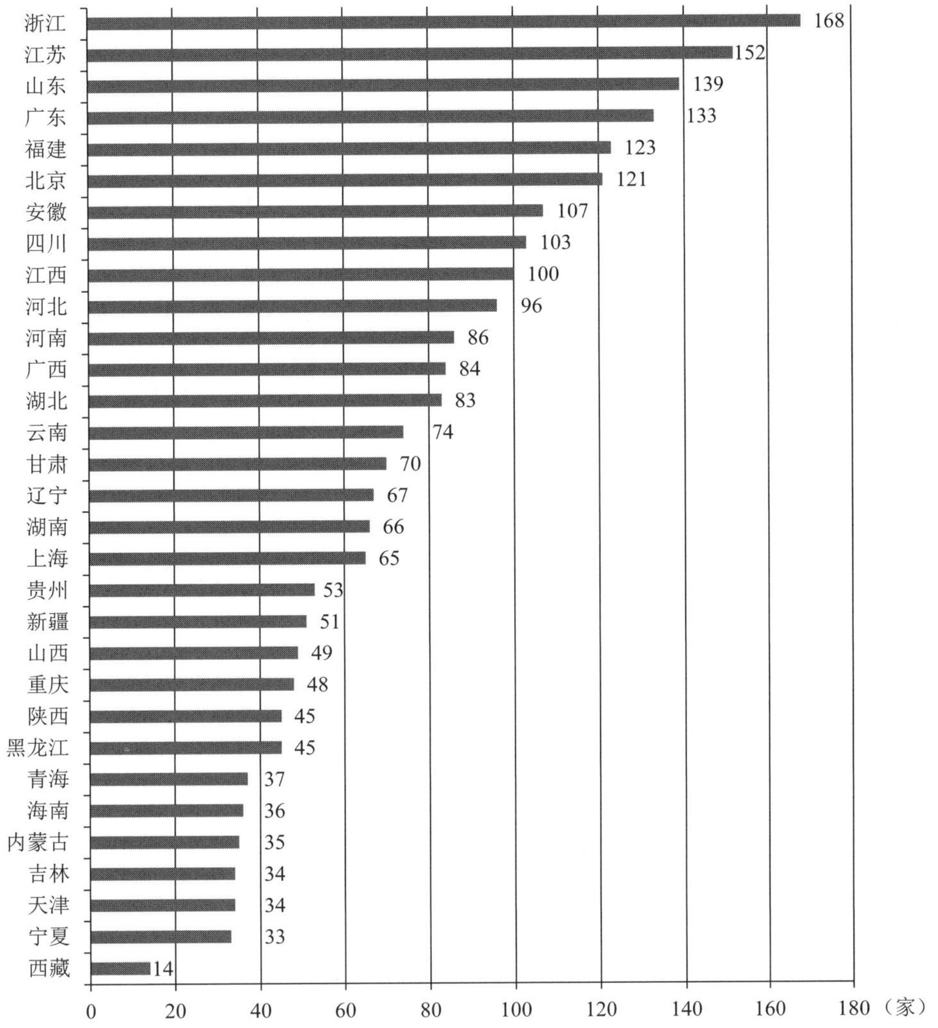

图 3–13 全国各地四星级酒店分布情况

从区域星级饭店数量的发展趋势来看（图 3–14），东部、中部和西部的星级饭店数量在 2013 年到 2015 年整体呈下降趋势，直到 2016 年才均有所增加，但 2018 年星级饭店数量又呈现下降的趋势。其中东部地区的饭店数量最多，为 4523 家，较上年有所下降，但占全国星级饭店数的比值提高，为 48.06%；西部地区次之，星级饭店数量为 3050 家，数量下降，总数占全国星级饭店数量的 32.41%；中部地区的星级饭店数量最少，星级饭店数量为 1839 家，占全国星级饭店数量的 19.54%。

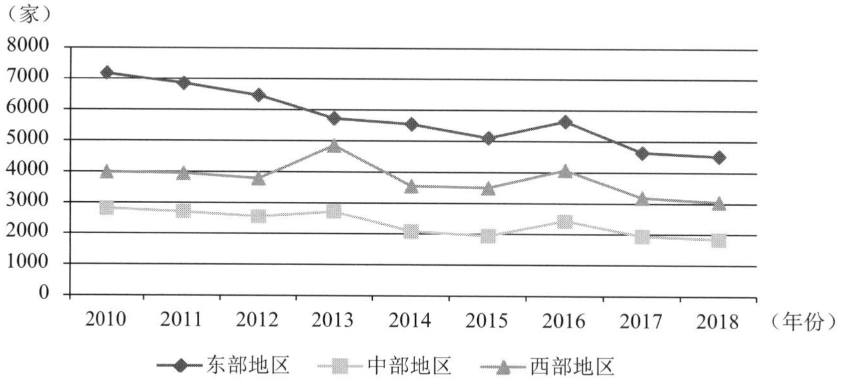

图 3-14　区域星级饭店数量发展趋势

从区域星级饭店在全国的占比来看（图 3-15），东部所占比重最大，西部次之，中部所占的比重最小。2018 年份区域星级酒店在全国的占比相较于 2017 年整体变化不大，但局部稍有调整。其中，东部地区增长了不足 1%，而中部地区和西部地区小幅度下降，下降幅度 1%。

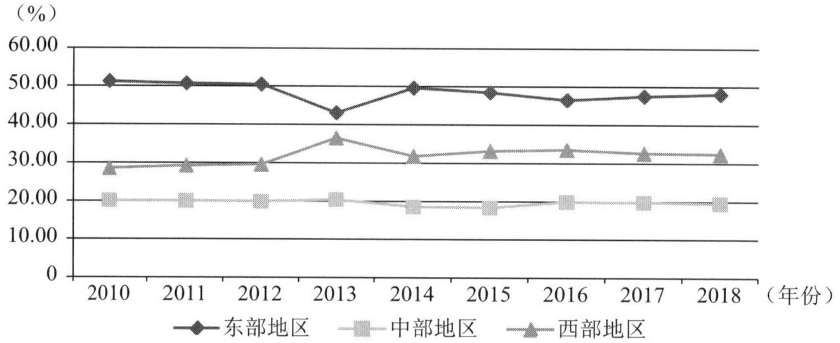

图 3-15　区域星级饭店数在全国占比

2. 各地区星级饭店经营情况

（1）总体情况

根据 2018 年第三季度全国星级饭店统计公报，全国星级饭店第三季度平均房价为 341.76 元 / 间夜，同比增长 0.44%；平均出租率为 60.86%，同比增长 0.46%；每间可供出租客房收入为 208.00 元 / 间夜，同比增长 0.91%；每间客房平摊营业收入为 36358.80 元 / 间，同比增长 2.74%。

从第三季度各地区经营情况看，平均房价高于全国平均水平 341.76 元 / 间夜的有 9 个省份，位居全国前 5 位的为上海、北京、西藏、广东和海南，其中上海最高为 706.48 元 / 间夜。平均出租率高于全国平均水平 60.86% 的有 13 个省份，位居前 5 位的为北京、上海、贵州、兵团和青海，其中北京最高为 73.38%。每间可供出租客房收入高于全国平均水平 208.00 元 / 间夜的有 10 个省份，位居前 5 位的为上海、北京、广东、天津和海南，其中上海最高为 490.07 元 / 间夜。每间客房平摊营业收入高于全国平均水平 36 358.80 元 / 间的有 8 个省份，位居前 5 位的为上海、北京、江苏、广东和天津，其中上海最高为 85 624.43 元 / 间。

（2）各省份星级情况

表 3–2　各省份星级饭店经营情况

地区 \ 指标	一星		二星		三星		四星		五星	
	平均房价（元/间夜）	平均出租率（%）	平均房价（元/间夜）	平均出租率（%）	平均房价（元/间夜）	平均出租率（%）	平均房价（元/间夜）	平均出租率（%）	平均房价（元/间夜）	平均出租率（%）
合计	152.96	48.26	180.00	56.1	234.18	57.91	328.32	62.66	580.96	64.81
北京	232.79	25.06	311.43	66.18	398.70	69.66	437.94	75.97	628.57	76.39
天津	0	0	208.45	66.06	268.12	54.18	349.07	55.71	588.59	68.23
河北	101.11	48.79	157.16	41.27	210.12	49.96	309.31	57.03	458.85	66.64
山西	0	0	147.37	50.05	202.32	60.3	261.63	58.82	315.44	66.07
内蒙古	0	0	133.93	46.08	194.90	54.02	329.61	64.08	451.02	66.23
辽宁	166.67	66.67	167.40	55.06	201.79	54.11	301.83	67.01	429.93	70.94
吉林	0	0	121.57	52.62	205.43	54.91	277.13	58.08	470.28	77.08
黑龙江	80.94	58.7	145.20	46.89	166.90	47.87	325.02	52.59	520.16	66.55
上海	0	0	344.79	74.95	384.84	65.31	514.83	69.03	935.11	70.45
江苏	0	0	160.60	51.8	209.00	58.76	316.17	59.91	514.29	62.88
浙江	164.66	33.98	193.94	55.01	257.31	57.63	350.48	64.76	523.43	60.34
安徽	0	0	118.03	48.41	180.63	54.18	316.30	58.59	367.88	63.14
福建	102.53	79.89	177.41	67.32	236.87	64.74	301.87	64.16	507.01	61.56
江西	0	0	151.85	51.35	185.15	53.71	233.13	56.82	359.24	60.13

续表

地区/指标	一星		二星		三星		四星		五星	
	平均房价（元/间夜）	平均出租率（%）	平均房价（元/间夜）	平均出租率（%）	平均房价（元/间夜）	平均出租率（%）	平均房价（元/间夜）	平均出租率（%）	平均房价（元/间夜）	平均出租率（%）
山东	0	0	182.42	60.78	231.30	59.62	342.09	66.50	674.05	66.87
河南	98.16	95.88	116.00	48.53	162.95	55.7	270.24	54.86	505.50	62.93
湖北	238.75	70.3	154.51	61.93	185.33	64.38	283.02	59.87	512.61	69.75
湖南	0	0	133.88	61.33	177.89	65.06	299.71	63.90	421.93	63.38
广东	105.64	24.14	211.24	59.76	381.44	57.71	341.30	57.86	561.99	59.28
广西	0	0	128.63	56.54	159.02	56.9	251.25	62.11	478.58	63.38
海南	56.35	44.76	111.28	56.48	146.34	44.61	233.16	54.12	690.18	59.61
重庆	0	0	130.51	45.36	208.92	48.9	354.92	55.35	460.83	55.11
四川	0	0	168.90	57.12	226.38	59.24	302.71	62.06	568.29	63.93
贵州	105.21	44.55	166.06	66.58	189.64	63.83	308.58	73.96	571.85	74.20
云南	60.09	40.15	116.84	46.63	162.74	50.38	271.33	57.00	476.70	58.15
西藏	339.95	77.11	458.44	73.34	379.81	70.75	453.91	78.38	872.13	71.04
陕西	0	0	134.70	59.67	182.96	54.7	312.13	65.68	563.76	57.96
甘肃	117.59	57.89	158.47	55.87	214.76	54.58	310.85	64.40	503.71	62.82
青海	435.64	76.67	256.63	68.61	251.55	61.71	360.83	66.45	701.28	73.44
宁夏	0	0	90.87	50.03	170.01	51.75	246.93	57.57	0.00	0.00
新疆	0	0	151.94	41.71	217.27	59.87	308.55	67.11	471.73	80.82
兵团	0	0	190.37	78.34	272.48	64.51	254.57	72.21	0.00	0.00

一星级饭店：平均房价高于全国一星级饭店平均水平 152.96 元 / 间夜的有 6 个省份，其中青海、西藏、湖北和北京的平均房价超过了 200 元 / 间夜；平均出租率高于全国一星级饭店平均水平 48.26% 的有 8 个省份，其中河南的平均出租率超过了 90%。

二星级饭店：平均房价高于全国二星级饭店平均水平 180.00 元 / 间夜的有 9 个省份，其中西藏、上海和北京的平均房价超过了 300 元 / 间夜；平均出租率高于全国二星级饭店平均水平 56.10% 的有 16 个省份，其中兵团上海和西藏的平均出租率超过 70%。

三星级饭店：平均房价高于全国三星级饭店平均水平 234.18 元 / 间夜的有 9 个省份，其中北京、上海和广东的平均房价超过了 380 元 / 间夜；平均出租率高于全国三星级饭店平均水平 57.91% 的有 14 个省份，其中北京、上海和湖南的平均出租率超过了 65%。

四星级饭店：平均房价高于全国四星级饭店平均水平 328.32 元 / 间夜的有 10 个省份，其中上海的平均房价超过了 500 元 / 间夜；平均出租率高于全国四星级饭店平均水平 62.66% 的有 15 个省份，其中西藏、北京、贵州和兵团的平均出租率超过了 70%。

五星级饭店：平均房价高于全国五星级饭店平均水平 580.96 元 / 间夜的有 7 个省份，其中上海、西藏和青海的平均房价超过了 700 元 / 间夜；平均出租率高于全国五星级饭店平均水平 64.81% 的有 15 个省份，其中新疆、吉林和北京的平均出租率超过 75%。

（3）各省市星级饭店经营情况与上年同期比较

平均房价：有 19 个省份上升，广东增幅最大，增幅为 18.49%；其余 13 个省份下降，其中湖北降幅最大，降幅为 10.17%。平均出租率：有 21 个省份上升，青海增幅最大，增幅为 16.15%；其余 11 个省份下降，甘肃降幅最大，降幅为 6.58%。每间可供出租客房收入：19 个省份增长，青海增幅最大，增幅为 12.57%；其余 13 个省份下降，宁夏降幅最大，降幅为 7.30%；每间客房平摊营业收入：19 个省份增长，青海增幅最大，增幅为 27.02%；辽宁省保持不变；12 个省份下降，北京降幅最大，降幅为 14.99%。

（4）全国 50 个重点旅游城市情况

第三季度全国 50 个重点旅游城市星级饭店营业收入为 341.16 亿元，占全国营业收入的 66.22%。北京、上海、广州、杭州、深圳、南京和青岛 8 个城市的星级饭店营业收入超过了 10 亿元。其中北京营业收入最高，达到 57.24 亿元。

从第三季度各城市经营情况看，平均房价高于全国平均水平 341.76 元 / 间夜的有 26 个城市，位居前 10 位的分别为上海、广州、三亚、深圳、青岛、北京、拉萨、厦门、南京、杭州，其中上海的平均房价最高，为 706.48 元 / 间夜。平均出租率高于全国平均水平 60.86% 的有 36 个城市，位居前 10 位的分别为拉萨、贵阳、乌鲁木齐、北京、青岛、南京、西宁、兰州、厦门、长春，其中贵阳的平均出租率最高，为 76.30%。每间可供出租客房收入高于全国平均水平

208.00元/间夜的有28个城市，位居前10位的分别为上海、拉萨、广州、青岛、三亚、深圳、北京、厦门、南京、杭州，其中上海的每间可供出租客房收入最高，为490.07元/间夜。每间客房平摊营业收入高于全国平均水平36358.80元/间的有30个城市，位居前10位的分别为上海、广州、北京、青岛、南京、济南、深圳、厦门、乌鲁木齐、杭州，其中上海的每间客房平摊营业收入最高，为85 624.43元/间。

表 3–3　50 个重点旅游城市经营情况

指标＼地区	平均房价（元/间夜）	平均出租率（%）	每间可供出租客房收入（元/间夜）	每间客房平摊营业收入（元）	平均房价比较（%）	平均出租率比较（%）	每间可供出租客房	每间客房平摊营业
北京	573.10	73.38	347.18	62 094.32	1.56	1.39	–14.99	5.70
天津	401.73	59.12	237.52	43 183.66	5.32	–4.98	0.08	10.00
石家庄	305.58	63.69	194.62	40 400.70	4.09	17.06	21.85	23.65
秦皇岛	378.99	52.10	197.45	29 894.19	5.44	1.06	6.56	17.85
太原	295.07	64.35	189.87	36 701.43	–2.79	5.70	2.76	8.17
呼和浩特	353.46	63.55	224.63	40 365.10	–6.24	1.42	–4.91	6.01
沈阳	284.11	69.36	197.05	35 116.61	–3.66	20.29	15.89	4.03
大连	367.85	67.89	249.73	36 124.84	–2.09	–0.01	–2.10	–9.42
长春	323.04	70.01	226.15	45 400.77	–1.84	8.47	6.47	34.10
哈尔滨	310.56	63.98	198.68	37 596.23	–6.60	0.96	–5.70	–0.92
上海	706.48	69.37	490.07	85 624.43	2.56	–2.89	–0.40	1.56
南京	437.55	73.08	319.77	60 316.20	0.93	0.93	1.87	–15.83
无锡	375.06	55.38	207.71	43 325.91	0.41	2.44	2.86	–10.54
苏州	412.06	57.64	237.53	48 845.73	3.54	2.06	5.67	7.15
杭州	423.63	69.16	292.99	50 765.93	–0.01	–1.35	–1.36	–2.26
宁波	387.20	59.81	231.58	46 788.51	5.54	2.03	7.68	5.63
温州	332.99	62.14	206.92	42 927.96	–4.62	–5.25	–9.63	–26.60
合肥	306.94	65.40	200.74	39 314.98	–1.84	–1.56	–3.38	0.58
黄山	403.57	54.60	220.37	33 811.64	1.58	7.51	9.21	9.09

续表

地区 指标	平均房价（元/间夜）	平均出租率（%）	每间可供出租客房收入（元/间夜）	每间客房平摊营业收入（元）	平均房价比较（%）	平均出租率比较（%）	每间可供出租客房	每间客房平摊营业
福州	366.78	66.04	242.23	44 915.93	-6.37	-6.18	-12.16	-11.51
厦门	464.40	70.01	325.15	51 492.72	-3.73	1.96	-1.84	1.80
泉州	270.90	57.18	154.89	37 962.32	-4.49	1.59	-2.98	2.47
南昌	249.50	65.38	163.12	28 589.59	2.34	6.05	8.53	12.27
济南	388.28	67.68	262.78	57 194.71	17.15	-0.75	16.28	19.11
青岛	509.25	73.33	373.45	60 995.60	10.73	2.68	13.69	17.25
郑州	259.51	61.43	159.42	31 402.95	3.72	-5.00	-1.47	2.77
洛阳	233.11	50.37	117.41	25 345.65	2.18	-9.11	-7.13	-21.25
武汉	408.62	65.92	269.36	42 616.21	-0.61	4.47	3.83	4.09
宜昌	201.97	58.05	117.24	20 993.85	-12.10	-5.11	-16.59	-28.33
长沙	343.86	68.05	234.01	41 105.71	-1.66	-3.32	-4.93	-10.63
张家界	220.33	65.41	144.12	20 831.53	26.00	0.00	26.00	27.72
广州	585.91	65.42	383.29	70 861.94	35.95	-0.03	35.92	22.93
深圳	518.23	68.38	354.34	53 105.37	0.30	-0.68	-0.39	-10.16
珠海	339.90	62.41	212.13	26 991.81	10.80	-4.44	5.88	17.08
东莞	359.37	43.32	155.69	36 737.32	-3.19	2.21	-1.05	-1.04
南宁	247.57	60.98	150.98	32 257.84	5.38	2.44	7.96	17.39
桂林	253.92	66.40	168.61	23 819.87	11.99	3.23	15.60	9.23
海口	257.75	61.62	158.82	28 997.42	-5.84	4.89	-1.24	5.98
三亚	567.29	64.54	366.15	45 570.46	-5.54	-7.65	-12.77	-12.17
重庆	337.11	52.73	177.77	26 259.35	8.28	-6.06	1.72	-8.64
成都	407.57	67.19	273.85	46 118.07	1.56	5.27	6.92	9.36
贵阳	376.61	76.30	287.34	47 929.18	6.61	2.87	9.67	9.71
昆明	319.38	57.81	184.63	26 379.20	-1.27	5.16	3.83	1.01
丽江	248.32	61.20	151.96	20 217.74	5.18	4.29	9.69	8.00

续表

指标 \ 地区	平均房价（元/间夜）	平均出租率（%）	每间可供出租客房收入（元/间夜）	每间客房平摊营业收入（元）	平均房价比较（%）	平均出租率比较（%）	每间可供出租客房	每间客房平摊营业
拉萨	486.71	80.86	393.54	45 794.98	18.85	18.65	41.02	43.19
西安	360.43	60.07	216.49	29 136.20	4.42	–8.63	–4.59	–20.10
兰州	305.36	70.10	214.04	29 457.22	–4.94	–1.93	–6.78	–6.08
西宁	400.55	71.50	286.40	34 950.40	19.13	19.75	42.66	25.01
银川	237.04	54.49	129.16	22 171.58	–3.05	–10.41	–13.14	30.51
乌鲁木齐	374.55	75.97	284.55	50 951.52	10.96	4.69	16.16	13.49

（5）50 个重点旅游城市与上年同期比较

平均房价：增幅位居前 10 位的城市为广州、张家界、西宁、拉萨、济南、桂林、乌鲁木齐、珠海、青岛、重庆，其中广州增幅最大，增幅为 35.92%；降幅位居前 10 位的城市分别是宜昌、哈尔滨、福州、呼和浩特、海口、三亚、兰州、温州、泉州、厦门，其中宜昌降幅最大，降幅为 12.10%。

平均出租率：增幅位居前 10 位的城市为沈阳、拉萨、西宁、长春、黄山、南昌、太原、成都、昆明、海口，其中沈阳增幅最大，增幅为 20.29%；降幅位居前 10 位的城市银川、洛阳、西安、三亚、福州、重庆、温州、宜昌、郑州、天津，其中银川降幅最大，降幅为 10.41%。

每间可供出租客房收入：增幅位居前 10 位的城市分别是西宁、拉萨、广州、张家界、济南、乌鲁木齐、沈阳、桂林、青岛、丽江，其中西宁增幅最大，增幅为 42.66%；降幅位居前 10 位的城市分别是宜昌、北京、银川、三亚、福州、温州、洛阳、兰州、哈尔滨、长沙，其中宜昌降幅最大，降幅为 16.59%。

每间客房平摊营业收入：增幅位居前 10 位的城市分别是拉萨、长春、银川、张家界、西宁、广州、济南、秦皇岛、南宁、青岛，其中拉萨增幅最大，增幅为 43.19%；降幅位居前 10 位的城市分别是宜昌、温州、洛阳、西安、南京、三亚、福州、长沙、无锡、深圳，其中宜昌降幅最大，降幅为 28.33%。

（四）目的地旅游服务质量指数

东部地区旅游服务质量指数较高

2018 年目的地旅游服务质量最大的特点是，凡是旅游行政主管部门重点关注、强化监管、查处整治的领域，凡是目的地党委和政府切实重视和管理水平较高的地区，游客满意度水平都普遍较高，并呈现进一步上升的趋势。无论是团队旅游服务、旅游投诉处理、传统的“旅游六要素”涉及的行业，还是排名靠前的境内城市和境外目的地，均是如此。调查还显示，旅游主管部门只要敢于为游客发声，工作“蛮拼的”，市场就会有信心，游客就会及时给予“点赞”。

2018 年，仍将省会城市的旅游服务质量作为整个省区市总体旅游服务质量的代表，用 10 分制打分，1 分表示非常不满意，10 分表示非常满意，通过比较，得出 2018 年各省份的旅游服务质量指数。

如图 3–16 所示，2018 年，旅游服务质量最高的省份是陕西省，指数为 8.26。旅游服务质量排名前五位的还有山东、浙江、上海、重庆；位于后五位的省区分别为宁夏、青海、甘肃、西藏和山西。其中，陕西省从 2017 年第五位跃居至第一位，而重庆市则从 2017 年旅游服务质量排名第一名跌至 2018 年的第五位。

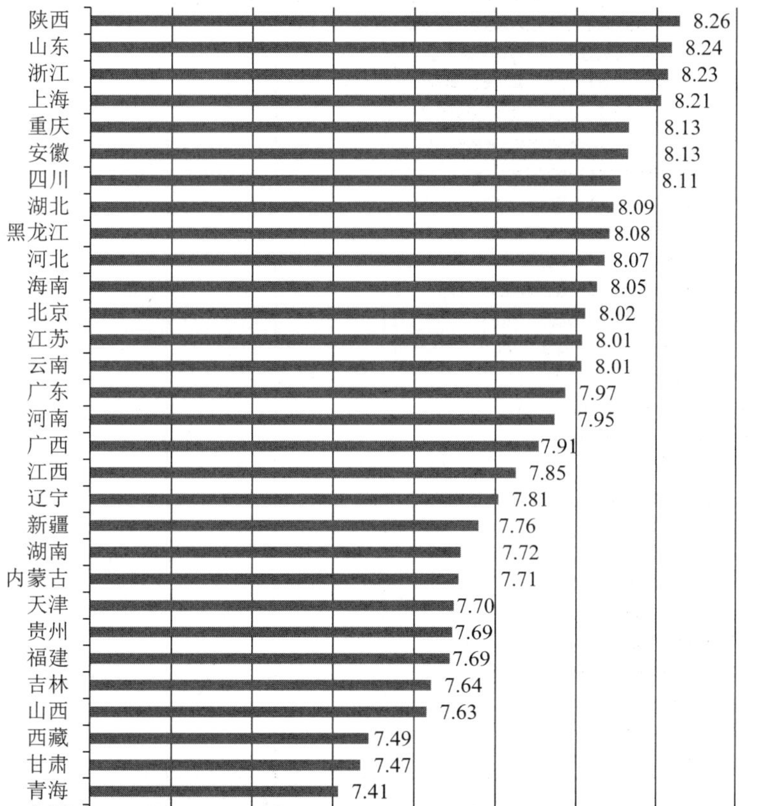

图 3–16　2018 年各省份旅游服务质量指数

（五）国内旅行社发展指数

2018 年，我国旅行社数量仍呈东多西少的分布态势。具体来说（见图 3-17），旅行社最多的省市为北京市，其次为浙江、江苏、山东、福建。与 2017 年的旅行社统计数据相比，北京市旅行社数量有较大幅度增长，增至第一位。浙江、江苏、山东的旅行社数量波动比较小，且均有小幅度上升，位居前五。东部地区、中部地区、西部地区和东北部地区的旅行社数量均有较大的增长。其中，旅行社分布较少的仍是西部地区，旅行社最少的五个省（区、市）依次为宁夏、西藏、新疆、海南和贵州。

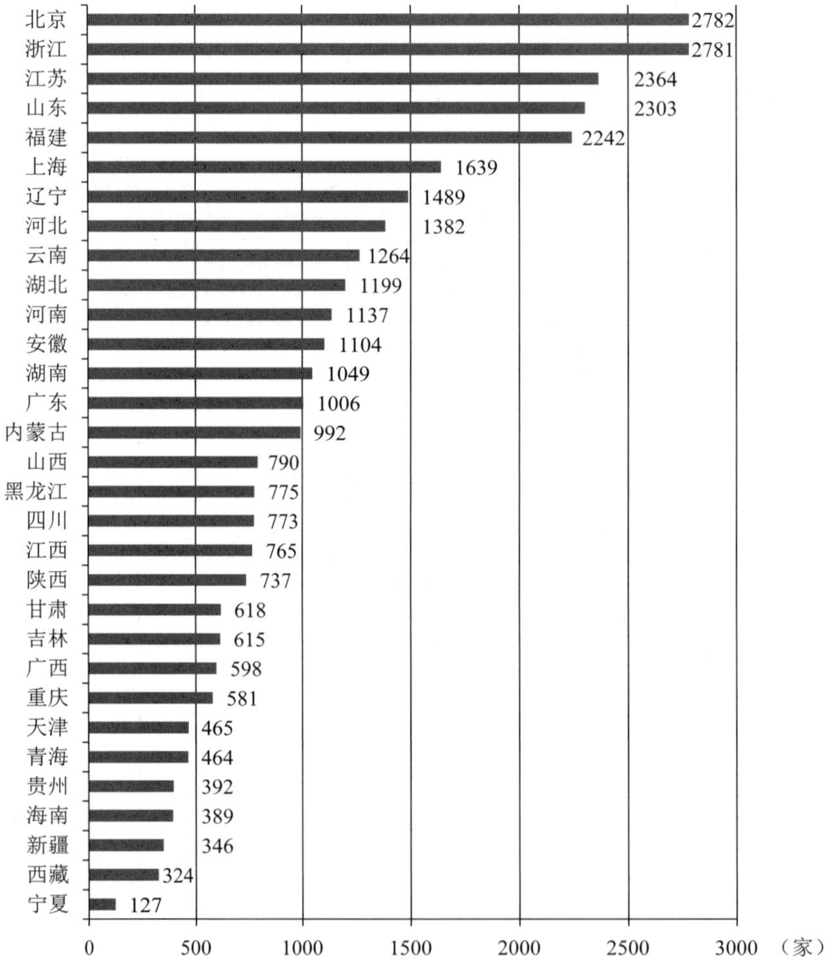

图 3-17　2018 年各省（区、市）旅行社总数

从图 3-18 可以看出，2018 年区域旅行社分布情况，依旧呈现出分布不均的问题，即东多中西少。其中，东部地区的旅行社数量大于中部地区、西部地区和东北部地区的旅行社之和，处于遥遥领先的发展地位。而东北部地区的旅行社数量仅有 2879 家，这部分原因是东北部地区统计省份仅有吉林、辽宁和黑龙江三省，也和三省旅游市场较不发达有关。

注：青海省、重庆市、吉林省、甘肃省、江西省、黑龙江省、湖南省、河南省、湖北省、云南省、上海市、北京市、福建省暂无 2018 年数据，故用 2017 年数据代替。

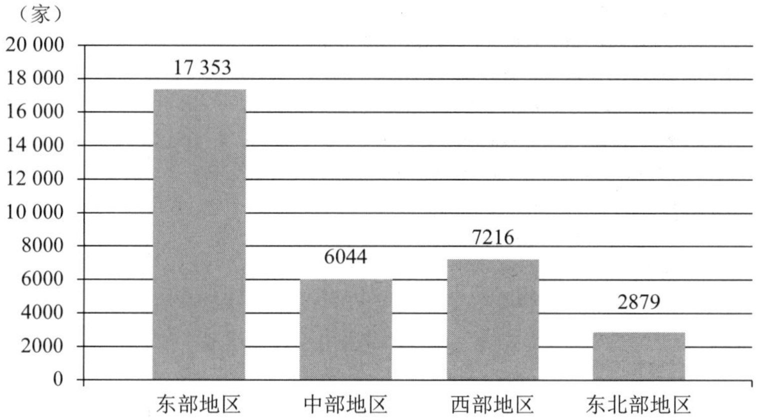

图 3-18　2018 年不同区域旅行社总数

（六）旅游产业综合发展水平

本报告延续去年报告分析研究旅游目的地旅游产业综合发展水平和旅游目的地的关系，构建各地区的旅游产业发展指数。旅游产业发展指数通过对 2018 年目的地的景区数量、旅游收入、旅游接待量、饭店数量、旅行社规模等五个指标进行标准化处理并取算数平均值后得出。

图 3-19 反映了 2018 年各省（区、市）的旅游产业发展状况，其中江苏省以 0.88 位居全国第一，但较去年有所降低，其次是浙江、山东、广东、四川，五省位列各省（区、市）旅游产业发展水平前五。旅游产业发展水平后五位的分别是宁夏、西藏、青海、海南、天津。

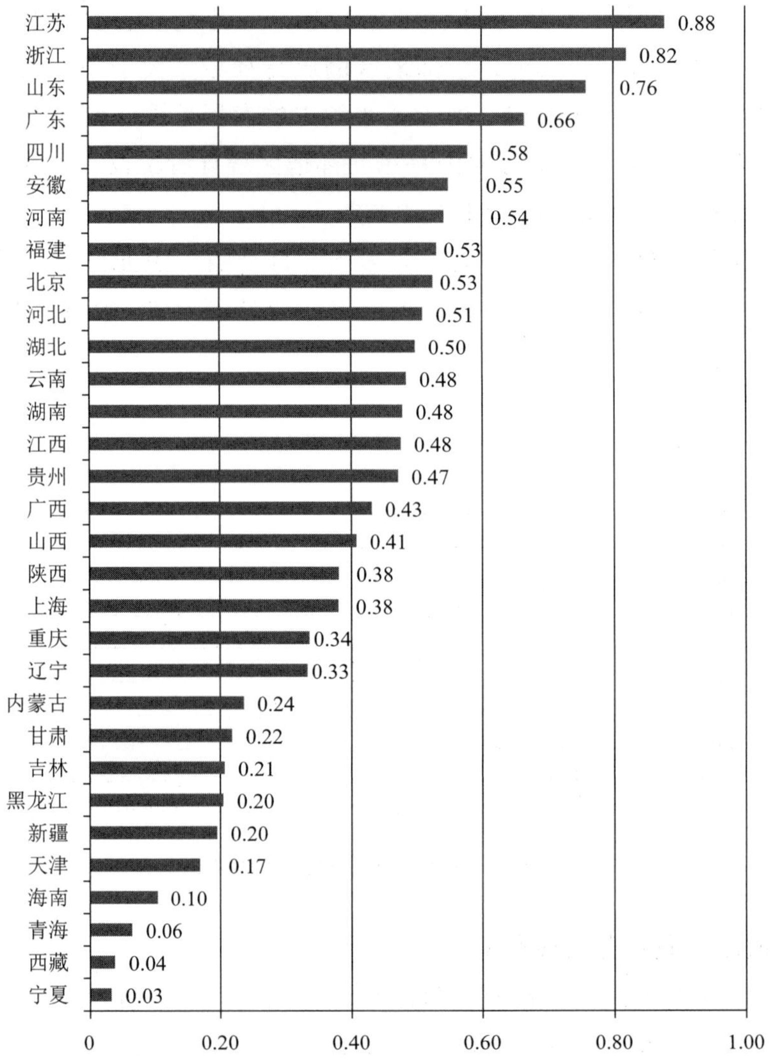

图 3-19　2018 各省（区、市）旅游产业发展指数

由图 3-20 可以看出，我国各区域旅游产业综合发展水平东高西低的大格局未改变，西部地区的旅游发展指数是 0.29，东北地区的旅游发展指数是 0.25，与中部和东部地区还是有一定差距的。东部地区的旅游综合发展水平凭借 0.53 而位居榜首，由于东部地区经济发展水平较高，旅游发展较为成熟，所以数值偏高；中部地区旅游发展指数为 0.49，与东部地区相差较小，侧面说明中部地区旅游行业的迅速发展，这与国家、地方政府层面的政策支持密不可分。

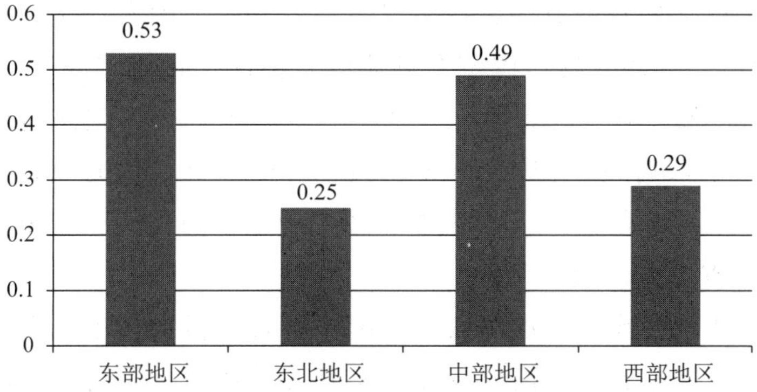

图 3-20　2018 年各区域旅游产业综合发展指数

二、主客共享成为旅游发展的新思想

所谓“主客共享”，就是某一旅游设施或服务既面向外来游客的旅游需求，也考虑当地居民的休闲需要。随着社会经济的发展和人民生活水平的提高，旅游和休闲不再是少数人的权利，为游客提供的旅游设施和服务同样惠及旅游目的地居民，反之亦然。

中国旅游研究院院长戴斌在 2014 年复旦大学举办的旅游论坛上，进行了题目为“景观之上是生活——大众旅游时代的学科建设与人才培养”的主题演讲，提出了景观之上是生活，旅游发展已经到了重视并完善目的地生活环境和商业环境的时候了，这是“主客共享”理念的开端。在同年年底人民网的采访中又提出全域度假生活的核心就是主客共享。度假目的地就是生活环境的总和。带着体验异地生活方式的想法，散入市民日常生活的游客，无时无刻不在用寻常目光打量目的地的每一个细节，包括员工和居民的素质。到现在“主客共享”的理念已被大众所接受，被各地政府作为推动当地旅游发展的重要理念。

无论从国家层面，还是从省（区、直辖市）、地级市层面，主客共享越来越成为共识的旅游发展理念，体现在各级政府的工作报告、旅游规划等系列文件中，并且在全国范围内得到落实。

（一）主客共享理念在国家层面得到认可

全域旅游是“主客共享”理念的具体实践。

2015 年 8 月，李金早在全国旅游工作研讨班上首次提出要全面推动全域旅游发展，2015年9月原国家旅游局下发《关于开展“国家全域旅游示范区”创建工作的通知》，启动开展“国家全域旅游示范区”创建工作。2016年，原国家旅游局先后颁布了第一批和第二批“国家旅游示范区”创建名单，标志着我国已经逐步进入全域旅游时代。至今我国分两批确定了全国500个全域旅游示范区创建单位，包括海南、宁夏两省（区），91个市（州），407个县（市），覆盖全国31个省（区、市）。

2017年3月，全域旅游首次出现在国务院政府报告首中。报告指出，落实带薪休假制度，完善旅游设施和服务，大力发展乡村、休闲、全域旅游。2018年3月，国务院政府报告指出，要创建全域旅游示范区，降低重点国有景区门票价格。2018年3月，国务院办公厅印发《关于促进全域旅游发展的指导意见》，就加快推动旅游业转型升级、提质增效，全面优化旅游发展环境，走全域旅游发展的新路子作出部署。李金早认为，指导意见的发布标志着全域旅游正式上升为国家战略，是大众旅游时代我国旅游业发展战略的一次新提升。以全域旅游为载体，推动旅游体制机制创新、旅游产业融合发展、旅游公共服务优化、发展成果共建共享有利于提升区域旅游业的整体实力和综合竞争力，是旅游业更好地服务国家经济社会发展大局的必然要求。李金早指出，强调加强公共服务，完善综合交通运输体系，改善公路通达条件，推进旅游休闲设施建设，构建畅达便捷交通网络是指导意见的一大亮点。2019年3月，国务院政府报告指出，要发展全域旅游，壮大旅游产业。

主客共享与全域旅游。主客共享是一种全新的旅游发展理念，全域旅游是对主客共享理念的实践。从在全域旅游的内涵看，促进社会共建共享、完善公共服务设施、实现公共服务协调发展是全域旅游的重要内容和目标。全域旅游强调游客与居民共享旅游发展成果。从近几年国家层面的政府报告和系列文件看，全域旅游是新时期旅游工作的主要内容，这也表明主客共享已经成为新时期国家指导旅游发展的新思想。

（二）主客共享理念在各省全面展开

1. 东部省/直辖市（以江苏、上海、广东为例）

（1）江苏：发力供给侧与全域旅游创建推动主客共享

2016年11月，江苏省政府正式出台《关于推进旅游业供给侧结构性改革促进旅游投资和消费的意见》，明确提出要紧紧抓住大众旅游时代到来的机遇，突出转型升级、提质增效，进一步优化旅游投资结构，扩大旅游消费需求，改善旅游发展环境，促进旅游业更好更快发展，努力将旅游业打造成为国民经济的战略性支柱产业和人民群众更加满意的现代服务业。

2017 年 3 月，《江苏省“十三五”旅游业发展规划》中指出，建立起与全域旅游发展要求相适应的旅游公共服务体系和旅游综合管理体制，通过旅游业发展带动经济社会全面包容发展，实现旅游发展共建共享。促进城乡建设综合考虑游客和居民的共同需求，建设游客和居民共享的旅游公共服务体系，加大城市公园、休闲街区等旅游休闲公共空间的建设力度。在有条件的地区，推动建设覆盖全域的旅游慢行系统。在旅游产业聚集地区，逐步实现旅游服务功能全覆盖，社会综合环境景区化。加强宣传培训，提高居民对旅游业的参与程度，增强居民对游客的友善程度，通过全域旅游提升当地的人文环境。

2019 年 1 月，江苏省政府报告指出，着力创建全域旅游示范区，大力推进厕所革命。新建改扩建城市公共厕所 800 座、旅游厕所 1165 座。加快城市公共设施建设。新增便民型公园绿地 100 个，完成老旧公园绿地改造提升 30 个，城市绿化覆盖率提高到 40%。新建健身步道 500 公里、体育公园 200 个。深化全域旅游创建，推动文化和旅游融合发展。

（2）上海：文化地标助力打造主客共享高品质世界旅游城市

2019 年 1 月，上海市政府工作报告中指出，推进全域旅游创建试点，打造浦江游览等世界级旅游精品。2018 年 9 月，上海市政府在《关于促进上海旅游高品质发展加快建成世界著名旅游城市的若干意见》指出，上海将加快建设“五个中心”和全力打响“四大品牌”，以实现高质量发展、创造高品质生活为导向，面向全球、面向未来，助力提升上海城市能级和核心竞争力，大力实施全域旅游发展战略，加快文化旅游、购物旅游、体育旅游、邮轮旅游、会展旅游、健康旅游、工业旅游、乡村旅游等融合创新，促进旅游供给侧结构性改革，充分放大旅游产业的综合效应、带动效应、辐射效应，提高市民游客的满意度、获得感、幸福感，打造高品质的世界著名旅游城市。

上海市政府坚持对标国际、辐射区域；坚持全域旅游、融合创新；坚持政府引导、市场主导；坚持三个导向、服务民生；坚持突出特色、品质至上。树立全域旅游的发展理念，加快把上海建成更具吸引力的旅游目的地。主要包括：一是开展“城景一体”的全域旅游创建工作；二是打造“黄浦江游览”世界级旅游精品项目；三是建设一批“建筑可阅读”的城市旅游线路和街区；四是推出一批以上海国际旅游度假区为代表的休闲度假好去处；五是建设以崇明世界级生态岛为重点、以一批旅游休闲特色小镇为代表的乡村旅游路线和产品，提高乡村旅游发展品质。全力打响“四大品牌”，加快推动上海旅游转型升级。主要包括：一是加快建设国际文化旅游之都，加强文旅、体旅融合，培育红色旅游精品，大力发展研学旅游等；二是努力打造国际购物旅游之城；三是全力建成世界一流的邮轮旅游城市；四是以释放中国国际进口博览会溢出效应为契机，积极打造国际会展旅游城市；五是努力建设有竞争力的国际健康旅游城市；六是着力建设中国工业旅游示范城市。

（3）广东：推动全域旅游共建共享

2019 年 3 月，广东省政府工作报告中指出，鼓励带薪休假，发展全域旅游，加强旅游景区基础设施建设，打造岭南特色旅游品牌。目前，广东省以 14 个国家和 48 个省级全域旅游示范区创建单位开展全域旅游建设为抓手，通过强化党政统筹，创新工作机制，明确创建指引，不断丰富全域旅游产品体系，进一步完善旅游公共服务体系，加强整合营销，推动全域旅游共建共享，走出广东全域旅游发展新路子。

2018 年 8 月，广东省发布《广东省促进全域旅游发展实施方案》，要求建设“快进”全域旅游交通网络。推动交通与旅游融合发展，构筑便捷、快速、舒适的旅游交通网络。按照两条高等级公路通达 5A 级旅游景区、国家级风景名胜区，一条高等级公路通达 4A 级旅游景区，一条二级公路通达 3A 级旅游景区、省级旅游度假区、省级风景名胜区、旅游风情小镇、国家森林公园、国家湿地公园、旅游特色村、绿道及古驿道重要节点的要求，加快完善旅游目的地客运交通基础设施体系和多元化旅游出行接驳体系，实现城市中心、交通枢纽到主要景区以及绿道、古驿道重要节点的无缝快速衔接。完善“慢游”公共服务设施建设，统筹规划建设风景道沿线旅游服务设施，打造跨省域风景道旅游品牌。制定自驾车旅居车营地服务体系标准及规划，推动高速公路、国省道、县乡道沿线自驾车旅居车停靠区建设，完善营地网络服务体系。完善南粤古驿道沿线站点旅游公共基础设施和服务体系建设，加强省立绿道的信息服务、旅游应急等公共服务设施配套。提升旅游综合服务智慧化水平。

2. 西部省 / 区 / 直辖市（以四川、重庆为例）

（1）四川：打造国家全域旅游示范区

2018 年 2 月，四川省政府报告中指出，加强川西北生态经济区旅游基础设施建设，打造国家全域旅游示范区。落实国家支持革命老区、民族地区加快发展政策措施。重视省际交界地区发展。推动开发区创新发展、绿色发展。大力发展全域旅游。完成旅游投资“双千亿”工程，打造万亿级产业，加快建设旅游经济强省和世界重要旅游目的地。促进旅游与工业、农业、文化、体育、健康等产业深度融合，发展乡村旅游和红色旅游。全方位推进“交通＋旅游”，推动景观全域优化、服务全域配套、治理全域覆盖、产业全域联动。抓好28个市（县）全域旅游示范创建，加快民族地区全域旅游创新发展。办好旅博会等节会活动，搞好旅游宣传营销。加强旅游市场秩序整治，提升旅游服务质量，加强诚信建设，进一步增强四川旅游美誉度和吸引力。2018年1月，四川省政府报告中指出，推进“美丽四川·宜居乡村”建设。提升农村公共服务能力。推进村庄规划编制，注重保护古村落古建筑、保留村落形态、保持乡土风情，让乡村留住根、守住魂。

（2）重庆：优化旅游公共服务 实现主客共享

2018年7月，重庆发布旅游重点任务分工，加快全市全域旅游发展。完善综合交通运输体系，加快新建或改建支线机场和通用机场，优化旅游旺季以及通重点客源地与目的地的航班配置。改善公路通达条件，提高旅游景区可进入性，推进干线公路与重要景区连接，强化旅游客运、城市公交对旅游景区、景点的服务保障，推进城市绿道、骑行专线、登山步道、慢行系统、交通驿站等旅游休闲设施建设，打造具有通达、游憩、体验、运动、健身、文化、教育等复合功能的主题旅游线路。鼓励在国省干线公路和通景区公路沿线增设观景台、自驾车房车营地和公路服务区等设施，推动高速公路服务区向集交通、旅游、生态等服务于一体的复合型服务场所转型升级。

积极开展主要旅游线路沿线风貌集中整治，在路边、水边、山边、村边开展净化、绿化、美化行动，在重点旅游村镇实行改厨、改厕、改客房、整理院落和垃圾污水无害化、生态化处理，全面优化旅游环境。树立“处处都是旅游环境，人人都是旅游形象”理念，面向目的地居民开展旅游知识宣传教育，强化居民旅游参与意识、形象意识和责任意识。加强旅游惠民便民服务，推动博物馆、纪念馆、全国爱国主义教育示范基地、美术馆、公共图书馆、文化馆、科技馆等免费开放。加强对老年人、残疾人等特殊群体的旅游服务。

（三）主客共享理念在主要旅游城市落地生根

1. 东部城市（以苏州、杭州、青岛为例）

（1）苏州：创建主客共享的“人间天堂”

2016年以来，苏州积极创建国家全域旅游示范区，以“资源有机整合、产业深度融合、文旅携手共进、城旅一体发展、古今中外交融、全民共建共享”为目标，坚持游客需求导向、持续实施全域旅游发展战略，旅游业高质量发展水平有效提高，主要创建任务全面落实。在全面推进全域旅游发展的过程中，苏州努力让历史遗存活化，让千年古城重生，让“姑苏城外”的青山绿水变成金山银山，让八方游客在小桥流水间体验“苏式生活”，让苏州市民在粉墙黛瓦下收获“旅游红利”，让科技精英更爱“双面刺绣”般的精致苏州，力求使苏州真正成为主客共享的“人间天堂”。

（2）杭州：大数据营造“主客共享”的城市空间

杭州旅游 2017 年度大数据报告发布，全年累计接待中外游客 16286.63 万人次，实现旅游总收入 3041.34 亿元，较上一年度分别增长 15.84% 和 18.26%。与此同时，“杭州旅游数据在线”平台及手机小程序即日起公测，游客可在线实时查询杭州客流舒适度、酒店好评度，也能通过在线数字地图寻找就近的厕所。这是杭州紧抓“后峰会、前亚运”机遇，积极打造“主客共享”的城市旅游氛围、推进“国际重要的旅游休闲中心”“与国际会议目的地城市”建设的全新探索。大数据时代，数据建设目的是应用，为政府决策和产业发展提供清晰的参考，变成现实生产力、为民所用。消费升级的大背景下，面对来自个性化、信息化、全球化等消费需求的巨大挑战，大数据将是杭州建设世界名城、阔步迈向国际化的新招牌。接下来，杭州将依托“杭州旅游数据在线”，进一步开放、共享旅游数字与服务信息，加载更多应用场景，营造“主客共享”的城市空间。

（3）青岛：城旅一体、主客共享

2018 年，青岛立足实现“城旅一体、主客共享、全域发展、居旅相宜”，持续完善全市旅游公共服务体系，不断提升硬件环境、服务平台和旅游惠民水平，助力建设“更加富有活力、更加时尚美丽、更加独具魅力”的新青岛。借助上合组织青岛峰会的筹办，大力整治市容市貌，环境秩序、亮化绿化、基础设施等，并针对酒店、景区、厕所的安全生产、环境秩序、服务质量等重点领域，持续性开展了系列专项提升和整治行动，联合开展了文明旅游、志愿服务等主题活动，进一步提升了“宜商宜居宜游”的环境品质。青岛市制订了《青岛市旅游厕所建设管理新三年行动计划（2018—2020）实施方案》，与中国移动签署战略合作协议，加快推进旅游大数据平台建设，全市旅游硬件服务水平进一步提高。

2. 西部城市（以成都、西安为例）

（1）成都：国际消费城市行动助力主客共享

2018 年 8 月，成都市引发《成都加快建设国际消费城市行动计划》。要求挖掘夜间消费新动能。一是加快培育锦江夜消费商圈，引入川菜、川剧等传统特色业态和现代新兴消费业态，打造成都夜消费地标。二是依托商圈、特色商业街区、大型商业综合体打造一批夜间消费示范街区，鼓励商贸企业、餐饮企业等积极开展夜间经济示范点建设，引导商贸服务类企业调整经营结构和营业时间，增加适合夜间消费的经营项目。三是鼓励发展 24 小时不打烊餐饮店、便利店和娱乐场所，鼓励有条件的旅游景区开放夜间旅游或延长观光时间，打造一批富有成都特色的夜间消费活动项目。四是加强夜间经济的环境营造，完善夜间公交线路布局和运营班次，按需延长公交线路夜间收车时间，优化地铁夜间低峰期运行组织，完善街面停车位管理、夜间临时停车的服务保障。

提升基础设施信息化便利化水平。一是优化交通设施建设，完善市内主要消费区域的交通站点建设，推动机场、车站到主要商圈、景区交通方便换乘、高效衔接。以打造站点接驳、休闲和立体商业为重点，增加路网密度，结合地铁和公交站点建设商圈立体慢行交通系统。二是加快推进高速、泛在、互联、智能的新一代信息基础设施建设，推动国际直达数据通信专用通道扩容，推进商圈、景区（点）、机场、车站、宾馆饭店等主要消费场所区域光纤宽带、无线网络、4G 信号等全覆盖，加快 5G 通信网络建设，加快推动提速和窄带物联网深度覆盖。三是引导商圈、旅游景点、文化体育场馆等消费场所拓展智能化、网络化全渠道布局，增加互联网、大数据、AR（虚拟现实）、VR（增强现实）等现代技术的应用，打造一批智慧商圈、智慧景区等示范试点，构建场景化、立体化、智能化的消费环境。四是加快旅游咨询中心和集散中心、电动汽车充电设施、公共厕所、停车场、无障碍设施等基础设施的布局和建设。

（2）西安：主客共享 旅游惠民

2019 年 3 月，西安市引发《西安市促进全域旅游发展的实施意见》，要求到 2020 年全域旅游示范市成功创建。旅游公共服务体系更加完善，旅游产品结构更趋合理，旅游产业发展水平显著提高，旅游市场秩序进一步规范，旅游国际化品牌进一步提升，旅游环境更加优美。西安市将推进旅游风景道、城市慢行道、骑行道、健身登山道、交通驿站等公共运动休闲设施建设。统筹推进城市、景区和乡村旅游厕所建设及城乡环境卫生综合整治，持续深化“厕所革命”。西安市将推进旅游惠民，建立完善国有景区门票价格形成机制，引导其他旅游景区合理确定景区门票价格，严格落实对特定人群实行价格优惠政策。对风景名胜区、自然保护区、文物保护单位等具有公共资源建设的景区门票应体现公益性。

三、逐步完善的市场监管模式给文化和旅游发展提供了良好的发展环境

我国旅游发展 40 年来，旅游市场迅速发展，市场监管方式不断升级，从应对性专项监管，到法制化综合监管，到现在的数字化全民监管。专项整治行动、综合执法机构、社会共管机制、“1+3+X”监管模式及大数据动态平台等新理念新技术的应用不断提高旅游市场治理能力。旅游市场监控的数字化、智能化程度逐步增强，针对市场乱象的精准定位能力和专项打击力度逐年加大，旅游监管手段逐步由传统的上传下达的独立渠道分散监管向基于移动互联网的大数据多维度实时监控转型。

（一）市场监管从无到有逐步走向成熟

1. 旅行社、导游监管

1985 年 5 月，国务院发布了《旅行社管理暂行条例》，这是旅游业第一部行政法规，为旅游行政管理部门的市场监管提供了法律依据。随后，我国先后颁布了《关于整顿旅行社的初步意见》（1988）、《旅游对外招徕管理的若干规定》（1989）、《关于加强对全国旅行社审批、登记、年检管理的通知》（1991）、《旅游投诉暂行规定》（1991）等一系列法规性文件，建立了旅行社业务年度检验制度和旅游投诉机制，将以往较为混乱的旅游市场纳入了制度化管理的轨道。1995 年 1 月，原国家旅游局正式颁布实施了旅行社质量保证金制度；同年 7 月，原国家旅游局旅游质量监督管理所正式挂牌运行，各省、自治区、直辖市和各地市也先后成立了旅游质量监督管理所，建立起了从中央到地方的三级旅游质量监督管理所，初步形成了旅游质量监督网络。

1996 年 10 月、1999 年 10 月国务院先后颁布《旅行社管理条例》（国务院第 205 号令）、《导游人员管理条例》（国务院第 263 号令）；2002 年 5 月公布《中国公民出国旅游管理办法》（国务院令第 354 号）。三部行政法规的出台，标志着我国形成了较为完善的旅行社法制管理体系，旅游管理手段和管理方式

实现了从行政管理向法制管理的转变。

2016 年出台《旅游安全管理办法》（国家旅游局第 41 号令）、《导游管理办法》（国家旅游局第 44 号令）、《旅游行政许可办法》（国家旅游局第 46 号令）三大部门规章，使我国的旅行社法制管理体系更加完善。

2. 旅游规划监管

1999 年 3 月原国家旅游局发布《旅游发展规划管理暂行办法》，2000 年 10 月又以 12 号令形式发布了《旅游发展规划管理办法》，以部门规章的形式对原有一些行之有效的原则和方法进行了确定和巩固，对全国旅游规划工作起到了引导和规范作用。

2003 年原国家旅游局颁布了《旅游规划通则》。通则进一步明确了旅游区、旅游客源市场、旅游资源、旅游产品、旅游容量的定义，规定了旅游规划编制的原则、程序和内容以及评审的方式，提出了旅游规划编制人员和评审人员的组成和素质要求，是编制各级旅游发展规划及各类旅游区规划的规范性文件。

2019 年 6 月文化和旅游部，印发了《文化和旅游规划管理办法》。明确文化和旅游规划工作要科学化、规范化、制度化，要充分发挥规划在文化和旅游发展中的重要作用，对全国文化和旅游规划工作起到了引导和规范作用。

3. 景区、景点、度假区监管

如果说 5A 级旅游景区代表了中国旅游观光产品的最高等级，那国家级旅游度假区则代表了旅游度假产品的最高等级。时隔二十余年重启的国家级旅游度假区，已从先批后建转向先创后评，而管理方式也将和 5A 级景区一样，实施动态管理、退出机制。

（1）旅游景区

1993 年 9 月 30 日制定的《旅游区（点）质量等级评定办法》是旅游景区管理的开端。2005 年 8 月 5 日起施行《旅游景区质量等级评定管理办法》，旅游景区质量等级划分为 5 个等级，从低到高依次为 1A、2A、3A、4A、5A，自此建立了完善的 A 级景区退出机制和社会监督体系。

2012 年，原国家旅游局将 2005 年颁布的《旅游景区质量等级评定管理办法》修订为《旅游景区质量等级管理办法》。

2012 年版本将 2005 年版本中的“被公告为 4A 级旅游景区一年以上的方可申报 5A 级旅游景区”修订为“被公告为 4A 级三年以上的旅游景区可申报 5A 级旅游景区”。此外，在旅游景区的管理与监督方面，2005 年版本第十九条称，监督检查采取重点抽查、定期明查和不定期暗访以及社会调查、听取游客意见反馈等方式进行。全面复核至少每三年进行一次。而在 2012 年版本中，第五章第二十六条称，4A 级及以下等级景区复核工作主要由省级质量等级评定委员会组织和实施，复核分为年度复核与五年期满的评定性复核，年度复核采取抽查的方式，复核比例不低于 10%。5A 级旅游景区复核工作由全国旅游景区质量等级评定委员会负责，每年复核比例不低于 10%。经复核达不到要求的，视情节给予相应处理。A 级景区退出机制和社会监督体系更加完善。

（2）旅游度假区

1992 年国务院发布《关于试办国家旅游度假区有关问题通知》，同意建立 11 处国家旅游度假区。1993 年国家旅游度假区升级为 12 个。这一阶段为先批后建阶段，度假区管理体系尚不完善。

2008 年原国家旅游局重新启动国家级旅游度假区评定工作。2012 年 3 月原国家旅游局公布《国家级旅游度假区新国标》，旅游度假区分为国家级旅游度假区和省级旅游度假区。2015 年 4 月国家旅游局制定了《旅游度假区等级划分》国家标准、《旅游度假区等级划分细则》和《旅游度假区登记管理办法》。随后原国家旅游局下发《关于开展国家级旅游度假区评定工作的通知》。2015 年 10 月原国家旅游局公布了首批旅游度假区（17 家）、2018 年 1 月原国家旅游局公布了第二批旅游度假区（9 家）、2019 年 5 月 9 日原国家旅游局公布了第三批旅游度假区（4 家），截至目前共有 30 家国家级旅游度假区。2008 年后度假区管理体系进入先创后评阶段，进一步完善，逐步建立起和 5A 级景区一样的动态管理、退出机制。

4. 游客监管

2015 年 5 月开始实施《游客不文明行为记录管理暂行办法》，该办法被旅游业内称为“游客黑名单”。2016 年 5 月修改为《国家旅游局关于游客不文明行为记录管理暂行办法》；进行了相应的完善，如第六条修改为：“游客不文明行为记录”信息实行动态管理。“游客不文明行为记录”信息保存期限视游客不文明行为情节及影响程度确定，期限自信息核实之日起计算。逐步建立起了，游客监管系统，这给一些行为不端的游客敲响了警钟。

现在文化和旅游部会根据《暂行办法》对这些游客“旅游不文明的”行为予以记录或罚款。被列入黑名单的游客信息向社会公布，并向公安、海关、检验检疫、边检、交通、金融等部门和机构通报。被列入“黑名单”的游客会在期限内被限制出境游、乘坐航班等措施惩戒。旅游黑名单释放出了震慑和制约的信号，对规范游客的行为起到了良好的引导作用。（注：依严重程度来判断拉黑期限，目前最长一游客拉黑 10 年）。

5. 旅游执法系统

2000 年国务院办公厅转发了原国家旅游局、原国家计委等 9 部门《关于进一步发展假日旅游的意见》，成立了“全国假日旅游部际协调会议”，为假日旅游市场走向规范奠定了长远发展的坚实基础。这是联合执法的一个开端。

针对更复杂的旅游市场乱象，旅游市场的监管由以前的单一行政部门治理转变成多部门综合治理，各地不断丰富监管手段，完善监管机构，加大综合监管力度。2015 年 9 月 29 日，由当时的国家旅游局、公安部、工商总局、商务部、质检总局等五部门组成的联合工作组首次赴云南开展旅游市场秩序专项督察工作，同年 10 月我国首个公安局旅游警察支队在三亚市正式成立，同月 23 日桂林市计划组建旅游巡回法庭。用刑事执法手段增强行政执法手段的震慑作用，有效地弥补旅游市场的监管空白。

这一时期，随着旅游业迅猛发展，我国旅游市场监管机制逐渐进入转型期。旅游市场监管主体由地方旅游部门推动转为由各级党委、政府统筹，联合如物价局、质监局、工商局等在内的相关部门进行综合监管；专项整治行动由被动应对转为主动出击。这一时期的旅游市场监管以国家层面的顶层设计为主导，健全立法与从严执法协调配合，提出和探索了建立公对公的回佣制度和合法公开的导游报酬机制，开展同业诚信公约，加强旅游专职执法队伍、综合执法机制和社会监督体系建设，导游记分制管理等相关措施。

6. 在线企业监管

2016 年 9 月中央网信办、原国家旅游局联合下发《关于开展“旅游网站严重违规失信”专项整治的通知》，在全国范围内启动为期三个月的旅游网站严重违规失信专项整治工作。主要对象为综合旅游网站、旅行社网站、旅游在线预订服务网站、旅游景点网站以及网站旅游频道、旅游网站 APP 等，这是国家层面首次开展对旅游网站、在线企业等的整治活动。

对监督网站诚信建设、督促全行业诚信自律效果明显。

各个省市也加大了在线企业监管力度。例如上海市加强在线旅游企业及平台监管。近年来，上海总队积极加强在线旅游企业执法监管。在每年 4 月至 10 月开展的旅游市场专项执法工作中，均将在线旅游企业及平台作为检查重点。

在市旅游管理、网信等部门协作配合下，不定期召开旅游平台企业诚信经营推进会，约谈重点企业，督促依法经营。2015 年以来，总队共对在线旅游企业及平台的严重违法违规行为立案处罚 13 起。并且与江苏、浙江旅游质监部门就不合理低价游案件办理中遇到的问题共同走访调研，向北京、福建等省市旅游执法部门通报 30 余条旅游违法网站线索。

2018 年 12 月，文化和旅游部《旅游市场黑名单管理办法（试行）》出台首次线上线下同步纳入黑名单管理。《办法》适用主体既包括新兴的通过互联网等信息网络从事提供在线旅游服务或者产品的经营者（即在线旅游企业和平台）及从业人员，也包括传统的旅行社、景区、旅游住宿等从事旅游经营服务的企业、个体工商户及导游等从业人员，重拳整治旅游乱象，为有效维护旅游市场秩序，加快旅游领域信用体系建设，促进旅游业高质量发展提供制度保障。

7. 旅游法颁布

2013 年 10 月 1 日起，《中华人民共和国旅游法》正式开始实施，为规范旅游行业的乱象提供了法律依据。围绕旅游法的出台，原国家旅游局全面部署该法的贯彻落实，认真组织学习培训，广泛开展社会宣传，依法推进配套制度建设。推动将《中国公民出国旅游管理办法》列入国务院 2013 年立法计划，出台《旅游行政处罚办法》《旅游行政处罚文书示范文本》《关于统一规范旅游质监执法标志的通知》等，进一步强化和规范旅游行政执法。

随后各地纷纷出台、修改旅游条例，专门设立“旅游法庭”“旅游警察”，旅游业依法维权现象越来越常见，我国旅游业正在或是已经迈入全面“法治旅游”时代。原国家旅游局《关于贯彻党的十八届四中全会精神全面推进依法兴旅、依法治旅的意见》明确指出，旅游法治建设是国家法治体系建设的有机组成部分，要实现把旅游业培育成为“国民经济的战略性支柱产业和人民群众更加满意的现代服务业”的战略目标，就必须全面推进依法兴旅、依法治旅，把依法治国、依法执政、依法行政的各项要求贯彻落实到旅游业改革发展和规范管理的各个环节，以旅游法治建设的不断完善促进旅游业的持续健康发展。

（二）市场监管发展趋势

1.“人人参与，数字监控”的旅游监管理念将在全国实现

《游客不文明行为记录管理暂行办法》（2015）、《关于加强旅游市场综合监管的通知》（2016）、《关于开展导游自由执业试点工作的通知》（2016）等指导性文件相继出台，明确了旅游市场综合监管的主体责任，为数字化监管提供了

制度保证。

随着各地区旅游数据中心建设加快，全国信息共享平台（2015）、12301国家智慧旅游公共服务平台（2015）、国家旅游产业运行监测与应急指挥平台（2016）、中国旅游诚信网平台（2017）、全国旅游监管服务平台（2018）的正式运营，逐步推进由分门别类开发建设向旅游数据资源统一组织、分级整合转变，实现了旅游信息系统的互联互通、开放共享。为数字化监管提供了平台保证。

地方政府也逐步改变旅游数字化中“重建轻用”“重建轻管”的现象，2017年11月海南省三亚市基于“三亚市旅游消费数据采集与监管服务平台”的首家全面实行数字化监管的海鲜广场正式开业，旅游监管从“管好一条鱼、半斤虾”做起，实现了行政管理、公共服务等事务线下到线上的迁移。真正开始尝试“人人参与，数字监控”。

2. 企业将在未来的市场监管中发挥重大作用

充分发挥市场的作用，政企合作，将旅游信息技术工作交由相关企业、专业机构承担。例如2018年3月原云南省旅游发展委员会、腾讯公司联合打造全域旅游智慧平台——“一部手机游云南”，同年6月中国移动自主研发逍遥旅游大数据产品，7月原重庆市旅发委与携程集团签订战略合作协议，就旅游目的地营销、智慧旅游升级等方面开展合作，高效地将人工智能、物联网及云计算等技术应用于旅游监管的实践中。

3. 在线旅游企业将是未来旅游监管的难点

首先，在线旅游行业缺乏市场准入机制以及一套标准的监管体系，缺乏对在线旅游平台的准入控制，个别平台鱼目混珠；其次，在线旅游行业的监管主体模糊不清，国家赋予文化和旅游部的行政职能是对传统旅行社的监督和管理，而非在线旅游平台，同时，由于缺乏监管细则，使监管主体无法可依；再次，缺乏针对在线旅游平台的监管的相关法规或者细则。《旅游法》颁布实施使传统旅游业出现了一定的改观，但其却并未针对在线旅游平台的监管、旅客权益保障制定相关细则，这使得在线旅游领域成为一个灰色地带；最后，在线旅游平台多为第三方服务平台，主要业务是售卖旅游产品，并非旅游类企业，此外，每个旅游产品可能都来自不同的供应商，交易过程包含多道环节，监管难度巨大。

四、2018年国内旅游目的地发展创新案例

（一）文旅融合创新案例

1. 泉州打造文化旅游品牌，促进文旅融合发展

泉州是国务院首批公布的历史文化名城，是古代“东方第一大港”“海上丝绸之路”的起点，全球第一个“世界多元文化展示中心”定址泉州。拥有国家级文物保护单位20处，省级40处。基于丰富的历史文化资源，泉州古城以活化历史文化资源、激活旅游业态为抓手，实施文旅融合战略，使泉州的旅游发展迈上新台阶。统计显示，2018年，由古城升温带动，泉州累计接待游客6659.88万人次，同比增长21.7%；实现旅游总收入1089.68亿元，同比增长29.1%。

一是盘活旅游资源，打造文旅IP。挖掘文化、盘活资源，泉州古城探索出一条文化产业、旅游产业、服务产业深度融合的创新发展路径，成功打造的多个文旅IP，成为游客必到打卡的“网红”。

首先，让沉睡的文化硬件“活起来”。位于西街裴巷内的小西埕，前身为原开元街道模具厂。按照“修旧如旧”原则，项目修缮加固旧厂房，聚集民宿、咖啡吧、书吧、原创市集等业态，深受年轻人喜爱。位于鲤城区崇福路247号的“东亚之窗”文化创意产业园项目由原中侨机床厂改造升级而来。“腾笼换鸟”后，成为展示东亚文化元素和高科技发展成就的重要平台。小西埕、“东亚之窗”文创园的转身，是古城闲置旧厂房改造文旅项目的缩影。近年来，立足文化资源、产业特色、商圈氛围等优势，古城积极盘活闲置厂房、土地，泉州美食城、“大寺逅”、新门街“三创园”、源和1916创意产业园三四期等，在保留城市记忆、传承历史文脉中，焕发光彩、激活动能。

其次，让日常的文化软件“潮起来”。2018年“五一”小长假，“温陵记忆·泮宫味道”古城匠艺市集暨非遗创新设计大赛，在金鱼巷和泮宫口精彩上演。3天里，271米长的巷子，吸引逾10万市民、游客。时隔5个月，首届闽南美好生活嘉年华，分文化艺术、时尚消费、闽韵生活、市集展览、音乐歌舞、综合节庆等八篇章，涵盖古城、辐射县域。一个月累计接待客流量超过215万人次。“润物无声”展览，通过年轻手艺人和策展团队，以年轻化的视角全新展示非遗文化，已持续两年举办超过百场。徒步穿越古城，每场都吸引上万人用脚步丈量的方式，耐心感受古城肌理，已连续举办三年。“古城讲解员”培训，

把泉州文化和故事推到更广，装进年轻人的脑海心头，已连续举行四期，培养上百名民间文化推介员。

二是丰富文旅体验，激活文旅业态。在泉州古城，文旅融合，还体现在完善配套、激活业态，让游客在“眼耳鼻舌身意”的丰富体验中，从“路过”走向“住下”。2019年正月，西街游客服务中心正式投用，服务中心建有天台，一眼微缩千年古城的景观精华。乐音袅袅、古韵悠悠。将“南音阁”植入金鱼巷，每周四天，走进街巷就能欣赏音乐活化石的风韵。通政巷的木偶常态表演、新门街的免费公益演出，演绎文化魅力，充实旅游“娱”的环节。观音铁韵与精品咖啡各擅胜场。在茶店比米店还多的街巷中，引入包括咖啡文化学院等在内的众多咖啡馆，丰富文化旅游业态，让市民游客多了一重体验。古早美食与西式甜品各美其美。泉州不仅成立了老字号协会、小吃协会，传承、保护、发展传统美食，同时也以开放的心态，引入年轻人喜闻乐见的西式甜品，在布局街巷业态时有意识地统筹，让不同城市、年龄的游客，都能满足味蕾。出行有多彩交通，留宿有民宿酒店。泉州古城独创的“多彩交通”慢行系统，让古城有氛围、游客多便利。而古城区内的20多家特色民宿，推广在地文化，也与酒店一道，让游客选择丰俭由人。智慧旅游建设，让游客不用做功课，也能直奔泉州文化的内核，领略泉州的历史人文。

2. 六盘水大力发展文旅融合产业、探索文旅融合新模式

六盘水有着独特的自然风光，市域境内多高山峡谷，大江大河，隶属亚热带季风气候区，植被茂盛，植物资源多样、珍稀动物众多，同时六盘水依托于乌蒙山脉，属于典型的岩溶喀斯特地貌，溶洞景观奇绝天下。六盘水文化资源丰富，春秋秦汉时期，六盘水大部分地区隶属于夜郎国腹地，夜郎文化在这片土地大放光彩。同时，六盘水也是上古人猿栖息的地方，盘县大洞古人类遗址对研究第四世纪古人类的活动有着重大的意义，被立为国家文物保护单位。六盘水少数民族较多，有少数民族46个，具有丰富的民族文化资源。目前，六盘水积极发展文旅融合产业，从政府主导、品牌打造、项目开发、区域联动等多方面探索文旅产业融合发展模式，文旅产业发展迅猛。

一是强化政府引导，明确城市定位。六盘水政府应成立专门负责城市转型的工作部门以及文旅融合的产业部门，制定六盘水整体发展战略目标、相关政策及其发展措施，聘请专家做好城市转型规划和旅游发展规划方案。六盘水市主动挖掘文化资源、地方民族民俗文化、地方特色文化，打造文旅融合知名品

牌，依托凉都品牌打造夏日避暑旅游项目，修建生态休闲城市。在产业发展选择方面，大力发展第三产业，特别是文化产业与旅游产业的融合发展，促进六盘水旅游业的优化升级，真正开创第三产业发展的高度。区域发展定位。六盘水资源丰富，旅游文化资源众多，依托凉都品牌和煤都品牌，把六盘水建立成西南地区的资源供给中心和消暑度假休闲旅游中心；在地域形象的选择上，六盘水要重点打造和宣传凉都品牌，定位为宜居休闲避暑型城市，打造宜居的城市环境。

二是打造文旅融合品牌。六盘水第二产业较为发达，在由工业城市向旅游城市转型的过程中，六盘水以雄厚的工业基础作为支撑，发展工业旅游、文化产业旅游、休闲农业旅游、民族民俗文化旅游以及生态旅游。六盘水抓住机遇，承办贵州省旅游发展大会，积极打造区域特色品牌，由“江南煤都”转变成“中国凉都”。同时借力贵州省“走遍神州大地，醉美多彩贵州”品牌发展的同时，六盘水打出“天然氧吧、避暑天堂”中国凉都六盘水这样的旅游口号，其主旨遵循创新、转型和升级，主要围绕“创新业态，转型发展”而开展，重点打造六盘水几大旅游主线路“中国避暑休闲城市、山地户外运动基地、山地康体养生度假胜地、工业旅游园区等”。旅游发展定位得到落实，六盘水市积极建设城市发展，深入挖掘旅游资源、文化资源、少数民族民俗资源，大力发展文化旅游品牌，多次被中国城市发展研究机构评为“全国十大避暑旅游城市”，“全国十佳绿色环保标志城市”。开发出多个生态旅游区，如玉舍国家地质森林公园景区、乌蒙山国家地质公园、南盘江北盘江峡谷景区，还有诸多岩溶地貌景观等。同时六盘水从凉都文学、凉都民歌、红色凉都文化、文物考古、凉都风云人物、民间传说、地名趣谈、名家游记散文、民俗风情等入手，全方位进行文化资源的挖掘和开发，每年举办一次六盘水消暑文化节，大力打造凉都文化品牌。

三是开发区域文旅产业项目。六盘水六枝特区开发底溪生态园、月亮河夜郎布依文化生态园、月亮河省级森林公园等文旅产业融合项目，打造美丽的牂牁江沿线风景区；打造水城县农民画创意项目、蜡染技艺展览项目，同时打造少数民族节庆大型展演项目、打造乌蒙山绮丽风光，依托玉舍国家地质森林公园，开发户外运动休闲项目；盘县依托彝族火把节、回族古尔邦节以及布依族山歌节等民族民俗文化，打造少数民族节庆展演项目、凭借古银杏打造世界古银杏之乡、摄影天堂项目的开发、依靠高山草原开发滑雪场、高尔夫运动、休闲娱乐等项目的运作；钟山区开发以韭菜坪为主的高山户外运动项目，如高山自行车赛、越野车大赛等活动，打造奇特的颜容景观，让游客体验成千上万年的自然塑造出来的神奇，水城溶盆峰林区景观、老鹰山岩溶洞穴地貌景观等，同时依托硝灰洞旧石器时代人类文化遗址和福集厂铅锌冶炼遗址，开发古人类科研项目及其工业遗址的观光项目。

四是地区联动营销，促进六盘水文旅产业兴荣。六盘水地处各区及各省的交界处，是川、滇、黔、桂接合部，被称为“旱路立交桥”，贵阳—昆明两大城市的中心点，南（宁）—贵（阳）—昆（明）经济区中心带，是西南铁路、公路交通的十字路口。六盘水联动云南旅游线路、毕节安顺旅游线路、黔西南州旅游线路、广西旅游线路、整合六盘水文化旅游线路，做到立交桥的放射营销作用，打造区域旅游产品联动营销，设计旅游线路，将其他地方的旅游精品容纳到六盘水的旅游线路中，以优势资源弥补不足，整合出一套由南向北、由东向西、由东向南等各个方位的旅游精品线路，联动营销六盘水少数民族类、自然风光类、文化遗址类、创意创新类文化旅游产品。

（二）全域旅游创新案例

1. 蚌埠市多角度助力旅游形态，推动全域旅游发展

自2016年，全域旅游作为新时期的旅游发展战略在全国旅游工作会议上被提出，全国各省市开始着手推进全域旅游的发展。蚌埠市制订并出台了《蚌埠市全域旅游发展总体规划》，按照“全业、全景、全民、全感官”模式，构建蚌埠全域旅游新格局。蚌埠全域旅游发展按照一心引领、两带贯通、三区联动、全域共创的空间总体结构，着力推进“品质蚌埠、水韵蚌埠、文旅蚌埠、乡野蚌埠、畅游蚌埠”五大产品及项目体系，通过智慧化精准营销，塑造蚌埠市“古韵珠城，蚌埠生活”的旅游形象，同时通过公共服务的体质增效，旅游服务的提档升级。

一是区域统筹，构建全域旅游新格局。从大的区域层面，正在建设的淮河生态经济带简称淮河经济带，涉及江苏省、安徽、山东、河南、湖北五省，通过现代综合交通体系建设，完善现代产业体系，加速新型城镇化与城乡一体化发展，推动流域成为我国第四个经济增长极；同时可以实现淮河中下游城市“借港出海”，能有效实现长三角经济区、沿海经济开发、皖江经济带和中原经济区的有效对接，推动中部崛起，促进东中部地区协调发展。从小的区域层面，皖北地区的文化旅游资源的具有一定的差异性，区域之间具有一定互补的作用，

地区和地区之间旅游资源具有独一性，一个地区与周边地区的资源可以相互补充自己的缺陷。蚌埠市周边的凤阳县、怀远县、固镇县、五河县等地区，凤阳县历史悠久，有着较强的历史资源吸引力，有助于补充其他县历史人文资源的不足。从全局战略考虑，蚌埠有助于带动全域内部的各种旅游资源开发与未来蚌埠市的全域旅游发展。

二是主客共享，创建全域旅游新理念。主客共享是一种从游客与当地居民角度考虑的理念，这种理念既适合旅游发展的需要，也适合旅游目的地的整体建设需要。这种理念是经过实践长时间考验的认识，高屋建瓴地解决了游客与当地居民的矛盾。旅游发展不应只满足游客的旅游需求，应充分考虑当地居民的生活所需。当地居民都不喜欢，让外来游客喜欢是不可能的。蚌埠的全域旅游建设坚持了主客共享的理念，将丰富的人文文化和优美的自然环境完美、动态的结合，通过时尚的元素和节事活动，吸引游客也满足当地居民的参与，使得蚌埠成为休闲文化的代名词。

三是文化产业和旅游产业联动，创新全域旅游大发展。蚌埠有计划、有步骤实施文化和旅游产业联动战略，对旅游产业进行联合重组再生。产业战略离不开产品的创新，蚌埠当前从旅游产品入手，建设夜间旅游项目，打造成熟夜间旅游项目，延长蚌埠休闲时间，留住游客；改造一批当前的旅游产业。通过改造一批生态公园与休闲空间，加入时尚国际元素，拓展休闲空间的同时，提升休闲空间的层次；通过一系列的传统节日和现代节事活动，引爆蚌埠的休闲旅游生活，使得蚌埠成为国际化、时尚化、古典化、层次化的文化休闲中心城市。

四是智慧旅游，提高全域旅游服务质量。智慧旅游是当前旅游业发展的一个重点工作，也是对智慧城市建设的有效支撑，是蚌埠全域旅游建设的重要组成部分，蚌埠坚定不移地做好智慧旅游建设。实现景区、景点的智能化管理。推动旅游办公智能化，加快建设智慧旅游政务平台和旅游指挥调度中心。健全旅游质量智能监督，建立景区门票预约制度、旅游环境监测预警机制、旅游环境影响评价信息公开机制。蚌埠全域智能化景区，将智能化产品注入景区，实现 Wi-Fi 覆盖、VR 实景等智能化体，将智能化应用于蚌埠城市建设，实现智能一体化支付、一体化城市游览等城市智能化建设，提高了蚌埠全域化智能水平。

2. 依托自然资源与民族文化，黔东南大力发展全域旅游

黔东南州位于贵州省东南部，喀斯特地貌占黔东南总面积的 23.2%，主要

有神秘的洞穴、幽灵的峡谷、奇特的山区，还有清秀的水域等地质景观，其中施秉喀斯特被列入世界遗产名录。黔东南苗族侗族自治州是一个多民族聚集的地区，独特的民族风情是其旅游的特色之一。黔东南州有民族村寨3296座，现有苗族、侗族村寨2600多座，有20个文化旅游乡镇，100个民族文化旅游村。奇特的地质地貌、原生的自然环境、浓郁的民族风情等，这些丰富的旅游资源是黔东南发展全域旅游的重要保证。黔东南境内东西走向的铁路干线横贯全境，两条国道于境内交会，高速公路与高铁过境，所有交通路网加上清水江的水路和黎平支线机场的空港，黔东南正形成水、陆、空三维立体交通网状，为黔东南发展旅游业奠定通行基础。2016年，国家旅游局公布了“国家全域旅游示范区”创建名单，黔东南州名列其中，这为地区旅游业提质增效、实现可持续发展提供了重要的战略机遇。近年来，黔东南依托上述资源优势，大力发展全域旅游，取得显著成效。

一是政府主导，全域统筹。黔东南州利用政府主导的作用发展全域旅游，制定协同发展政策机制。在管理上，设立旅游发展与改革委员会，统筹全州旅游发展事务，实现政府主导、居民主体、社会参与的有机结合。在资金上，政府需加大对旅游发展的财政投入，同时利用市场机制在建设旅游市场中的作用，广泛吸引社会资金，通过企业化运作的形式，实现共建共享，互惠互利。在政府统筹下，依托不同的资源优势，打造凯里云谷田园生态农业旅游综合体、麻江县蓝梦谷蓝莓生态园、黎平肇兴侗文化旅游景区、雷山西江千户苗寨乡村旅游综合体等农文旅项目，不仅构建了黔东南全景域、多元化的旅游产品体系，更为旅游扶贫建设奠定了坚实基础。2018年，全州全年接待旅游总人数10 807.59万人次，比上年增长15.6%，旅游总收入937.23亿元，增长20.5%。

二是实施“旅游+”战略。黔东南州发展全域旅游，推进旅游业与其他产业的融合互动，使全域产业旅游化，延伸旅游产业链。黔东南州依托丰富的山地景观资源，开展登山探险、高山徒步、攀岩等多种形式的山地旅游项目。依托当地丰富的农产品，大力发展农业生态观光、水果采摘等，推动“旅游+农业”形式的发展，推动传统农业向精致农业、创意农业转型升级。依托独特的风俗文化与手工艺，开发文化旅游商品，以工业化的理念来打造银饰、刺绣、蜡染、雕刻、木工，推进“旅游+工业”形式的发展，探索发展工业旅游。推动“旅游+城镇”，积极推进旅游业与新型城镇化有机结合，加强特色旅游城镇建设，让城镇成为景点，让游客游在城镇。

三是加强全域旅游基础设施与服务体系建设。近年来，针对自驾游的旅游方式，黔东南州加强道路交通网络体系、旅游目的地的交通和其他服务基础设施的建设，推进全域旅游的发展。黔东南完善内部交通网络，加强凯里、镇远、黄平等中心城市交通枢纽的建设，实现区域公路、铁路和航空的有效衔接。同时各地主要景区加大基础设施投入，加强景区与景区之间的连接性，提高各旅游景区之间、景区与城区之间的通达。强化旅游服务意识，加大对管理者和从业人员的教育和培训力度。加强对旅游企业从业人员的培训工作，推动旅游服务业的标准化、规范化建设。加强旅游从业人员素质的培养，利用校企合作的方式，培养本土的旅游专业人才作为地区旅游业发展的后备力量。

四是加强宣传力度，创新营销方式。旅游营销宣传是提升旅游目的地知名度的重要手段。黔东南州根据全域旅游理念，树立黔东南州全域旅游整体形象，对外实现整体营销，加深黔东南州民族旅游地的多方内涵。加深与各类营销网站、旅游论坛、微博、微信等的合作，扩大全域旅游宣传覆盖面，通过旅游宣传片、影视作品等途径，进行多渠道、全方位、有深度的宣传推广。借助各种大型民族节日的影响力知名度，做好产品、文化、生态的宣传，例如芦笙节、姊妹节、苗年等规模较大且知名度较高的原生态居民习俗和节日，利用节日的氛围做好民族旅游的宣传，吸引游客，树立黔东南民族文化全域旅游品牌。

（三）旅游产业新业态案例

1. 温州发展夜间旅游，引领文化旅游新潮流

夜间旅游是一种新的文旅产业发展模式，既让传统旅游资源焕发新活力，也创造出新的旅游吸引物、新的文化旅游产品；既可以提升一个城市或景区旅游资源和非传统旅游资源利用效率和使用价值，也能够提高游客时间利用率和提升游客旅游体验度。近年来，夜间旅游正成为一些城市亮丽的名片。温州瓯江夜游是温州旅游的名片，促进了文化和旅游的融合发展，推动了旅游供给侧改革，加快当地旅游产业转型升级，引导温州旅游产业高质量发展。温州瓯江夜游项目融合灯光秀、光影码头、光影乐园、光影礼堂等多种形式，用光讲述城市故事，打造“光影创新体验产品”，助力月光经济发展。

一是打造精品夜间旅游项目。瓯江两岸核心段亮化夜游项目，是瓯江沿线开发建设的重点项目，该项目的灯光工程建设范围主要包括瓯江两岸前排建筑、瓯江两岸景观带、四座跨江桥梁、江心屿、郭公山、双塔山及胜美尖山等。项目由极具震撼效果的两岸灯光秀和独具特色的城市夜游新文化综合体两大部分

所组成。精品夜间旅游项目，进一步完善了城市功能，改善城市人居环境，注入了地域文化要素，提高了人民幸福感与归属感，丰富了市民夜间生活环境和精神内涵，有效延长了游客旅游时间并增加过夜率，提高了人均就地消费水平，促进了城市“夜间经济”的发展。

二是创新商业模式。温州瓯江夜游把一个城市体量的光环境的打造和夜间文化旅游做了很好的融合，打造了一个夜间旅游新文化综合体，实现了城市的夜间光环境的打造和夜游经济的综合，实现了照明的经济效益和社会效益的双赢。具体而言，温州瓯江夜游，依托瓯江的自然环境，将传统文化与艺术创作相结合，通过新的技术手段打造了既有精神内涵，又具有视觉冲击的夜间旅游综合性产品。瓯江夜间旅游项目已经成为温州旅游的一种新方式，同时也是成为温州发展夜观经济、点亮不夜温州、丰富市民都市生活的一个重要的载体。温州瓯江山体灯光秀于去年十一期间推出，成为温州发展夜观经济、丰富市民都市生活的一个重要载体。

三是整合夜游线路。东起海坛山庄西至东瓯大桥，在这长达 4.5 公里的沿江带上，每晚七点到九点，望江路上建筑物的灯光造型都会“亮起来”，给瓯江夜景增色不少。目前，瓯江南岸共有十万多盏灯，包括建筑、地面、河堤、江心屿、江心西园、东瓯大桥等。它们主要采用轮廓勾线造型，突出建筑的立体感。这些美丽的灯光造型打造了瓯江上诗情画意的夜景。目前望江路上已有 20 多家上档次的咖啡厅、酒吧和茶餐厅，同时，周边的朔门街、女人街等特色街区也纷纷形成。温州国旅对这些旅游线路进行整合，推出夜游温州线路。游客们白天玩雁荡山、楠溪江，夜晚来瓯江游船上品茗赏景，或夜游江心屿，或在五马街等特色街休闲购物，做足“晚上”文章。

2. 贵州发展避暑旅游，快步迈向“旅游高地”

贵州地势优越、气候适宜、氧气充足，具有明显的季风性、高原性和多样性立体气候特征，存在“一山有四季，十里不同天”的景象，非常适合人们避暑，是人们非常热爱的避暑之地。2018 年，全省大力发展避暑旅游，取得良好成效。

一是强化避暑品牌价值和品牌意识，提升消费者的认同度。优质的服务和品牌是吸引顾客的重要因素，也是创造经济价值的关键所在。为此，贵州旅游相关部门抓住品牌塑造，强化避暑旅游品牌意识，始终以优质服务作为向导，以顾客需求作为品牌设立的基础，以贵州特色文化作为旅游文化的驱动力，为顾客树立良好的价值观、文化观，将品牌意识植入各个工作人员的脑中，强化品牌意识，消除落后的贵州避暑旅游产品，始终以市场需求作为基本导向，把握良好的市场经营策略，从品牌定位、品牌规划、品牌产品设计、品牌推广、品牌反馈机制等方面为贵州避暑旅游品牌的形成和发展提供强有力的支撑，使得顾客真切地感受到品牌的魅力和价值。

二是注重基础设施的完善，为顾客提供优质服务。随着贵州不断发展和进步，交通设施的不断改善，到贵州避暑的人数逐年增加，但是贵州的住宿环境、住宿设施等还不够完善，使得在酷暑的天气，有部分旅游团找不到住处，频繁出现退团事件，这不仅影响贵州避暑旅游的经济效益，还严重影响贵州避暑旅游品牌。为此，相关部门与避暑旅游景点的周边居民的沟通和交流，支持家庭旅馆的设立和发展，缓解避暑时期的住房紧张的问题。补充配备旅游缆车、垃圾箱、卫生间等基础设施，便于顾客在避暑旅游的时候能够得到更加优质服务，使顾客对贵州避暑旅游品牌记忆犹新，从而为贵州避暑旅游文化产业的发展和进步提供有效的支撑。

三是组建专业化的旅游队伍，促进贵州避暑旅游。避暑旅游产业的发展、规划、组织、开发等各个环节都离不开专业的旅游专业人才。为此，相关部门从实际出发，加强贵州避暑旅游专业队伍建设，注重专业人才的培养，将人才培养作为贵州避暑旅游发展的基础，注重对人才进行前瞻性培养，组建了一流的旅游服务团队，制定专业化、系统化、特色化的人才培养制度和计划，为贵州避暑旅游经济发展提供人才保证，便于创造出最大化的经济效益。

四是注重各个旅游区域的合作，为顾客提供套餐式服务。贵州打破旅游行政区域的划分，加强各个旅游区域之间的沟通互动，整合各个旅游区域的资源，建设和开发避暑旅游精品路线，为贵州旅游经济的发展提供不竭的动力。秉承共同发展、互利共赢的原则，贵州注重内部各个旅游区域的沟通合作，构建贵州高原 15 城旅游路线的创设。在这种合作式的旅游产业中，使顾客领略了不同区域的风俗人情、人文地貌，消除了单一区域文化旅游的单调性，从而创造更多的经济价值，为打造世界级的避暑旅游服务品牌奠定扎实的基础。

3. 依托自然资源优势，长春大力发展冰雪旅游

长春市位于中国东北部，每逢冬季长春市总是银装素裹，特别是每年的一月份，平均气温在零下 17 摄氏度左右，积雪深度在 20~25 厘米，是开展滑雪运动的理想场所。依托大自然赐予的资源优势，长春千方百计地打好冰雪旅游

“这张牌”，最大限度地集聚人气和财气，把资源优势变成产业优势，近年来围绕打造“冰雪品牌”，塑造冰雪旅游城市形象。

一是创新营销方式。长春注重冰雪旅游营销模式的创新和运用。利用生活方式营销，以消费者所追求的生活为诉求，通过把产品或品牌演化成某一生活方式的象征，甚至是一种身份、地位识别的标志，从而达到吸引消费者、建立起稳固的消费群体。“净月潭瓦萨”巧妙地将体育运动与娱乐结合，提倡大众参与，在宣传体育活动的同时，推销“健康、有趣、环保”的生活方式。以满足顾客的娱乐体验为营销侧重点，将企业经营与销售寓于娱乐之中，通过创造娱乐体验来吸引游客，达到促使游客购买和消费的目的。冰雪旅游将体育、休闲和娱乐巧妙结合在一起，打雪仗、抽冰猴、马拉爬犁，对游客都极具吸引力。氛围营销，围绕某一群体、场所或环境产生的效果或感觉，增强消费者体验的效果。长春市举办一系列活动，立足圣诞节、元旦、春节、元宵节等传统节日，营造喜庆、祥和、热烈的氛围，同时举办冰雕大赛、冬装模特大赛、汽车冰雪驾驶体验活动等，优化体验效果，创造不凡的体验。

二是强化冰雪文化建设。长春根据各区域的特点，加强本地独有的民族旅游文化的传播路径，结合冰雪旅游的特点和地域旅游文化相互融合，将特有冰雪地域文化深深地融入带有民族气息的氛围中，充分建设代表性的地方特色冰雪文化体系。进行产业布局，丰富冰雪的发展内容，通过新产业的发展，打造冰雪小镇的特色建设，全力打造长春成为东北亚冰雪旅游城市。把产业所体现的文化特征和文化现象作为城市本土的特色文化背景，使冰雪业与城市本土文化互相融合互相影响，积极创造以城市特点为名片作为特色区域的旅游品牌树立产业形象，努力挖掘文化内涵，弘扬具有冰雪民族文化的元素特征，培育具有冰雪体育文化的城市精神，促进城市冰雪文化和民俗特色的升华，塑造长春这座冰雪城市独有的魅力特征和民俗文化品牌。例如，净月潭冰雪运动乐园以瓦萨文化为主题建设了雪雕园。

三是改进基础设施建设，提升整体服务水平。长春加大冰雪运动基础设施投入，提升冰雪运动基地建设规模和层次。主动学习发展较好的国际景区，将冰雪与本地民俗、民风、美食、购物相互联系起来，发挥产业的联动效应，满足消费者的意愿，提升整体需求，抓住年轻人的心理特点，提升整体冰雪体系的服务水平。确定消费者的需求和期望值，提供高质量的服务，重视对第一线员工的培训，对冰雪运动指导员、管理人员、服务人员进行业务培训和职业道德教育，提升整体服务水平，将冰雪产业的优势实现最大化，把城市服务水平的实施情况引入到长春的配套体系之中。针对不同冰雪运动爱好群体的需求，采用散票、联票、会员制等多元化的经营。科学合理配置现有冰雪产业资源，打破地域限制，改进基础设施水平，为构建长春市冰雪名城打下基础。

第四章

国内旅游客流空间流动特征

2018 年，随着全域旅游政策的推行，旅游大交通格局优化区域内部交通建设亮点频出，旅游流网络呈现出多样化和均衡化的发展格局。总体来说，旅游客流量较上年有所增加，旅游流向同上年没有较大出入，仍然呈现出东强西弱、南强北弱的格局。

本年度继续沿用上一年度的划分标准，依据行政区域、物理距离以及客流量大小三个因素将旅游客流流动尺度划分为大尺度、中尺度和小尺度三个层次。本研究主要依托航空流量研究大尺度旅游客流和依托铁路流量来研究中尺度旅游客流，而小尺度旅游客流的时空模式相对稳定，较上一年基本没有变，因此不予重复研究。

一、大尺度旅游客流分析

根据大尺度旅游流流动矩阵可以看出，我国当前大尺度旅游客流主要是环渤海经济区流向长三角经济区、长三角经济区流向环渤海经济区、长三角经济区流向珠三角经济区、环渤海经济区流向中部地区、长三角经济区流向中部地区、珠三角经济区流向长三角经济区以及成渝地区流向长三角经济区。由此可以总结出大尺度旅游客流主要表现在以下三个方面：东部三大经济区流向中部地区和西部旅游资源大省的西向旅游流、西部经济相对发达地区流向东部三大经济区的东向旅游流。从区域旅游发展模式来看，金三角双向旅游流具有很强的经济性，而且市场因素和自身资源的驱动性也较强，属于混合驱动型旅游流；西向旅游流具有资源导向及政策导向特征，属于资源驱动型和政策驱动型旅游流；东向旅游流具有一定的经济性，属于经济驱动型旅游流。

表 4–1 大尺度旅游流流动矩阵

客源地＼目的地	环渤海经济区	长三角经济区	珠三角经济区	中部地区	东北地区	成渝地区	云贵地区
环渤海经济区	10	178	167	66	17	122	93
	（+2）	（–73）	（–93）	（–30）	（+5）	（–74）	（–30）
长三角经济区	180	2	288	92	45	162	112
	（–70）	（–2）	（–116）	（–43）	（–22）	（–73）	（–68）
珠三角经济区	169	287	16	74	33	143	68
	（–65）	（–128）	（–38）	（–31）	（–11）	（–106）	（–40）
中部地区	67	92	73	0	21	60	65
	（–32）	（–40）	（–29）	0	（–10）	（–21）	（+1）
东北地区	16	47	33	21	0	26	13
	（+4）	（–19）	（–9）	（–10）	0	（–2）	（–4）
成渝地区	126	159	140	61	29	0	46
	（–65）	（–74）	（–109）	（–19）	（+1）	0	（–28）
云贵地区	89	113	69	63	15	51	1
	（–38）	（–69）	（–38）	（–2）	（–2）	（–24）	（–1）

注：查询地址为 http：//flight.elong.com.
航班时间为 2019–4–19，周五。
括号内是与 2018 年数据相比增加或减少的数量，+ 表示增加，– 表示减少。

（一）以环渤海经济区为客源地的旅游流空间分布

当以环渤海经济区为客源地时（见表 4–1），可以看出其最主要的旅游流。首先是流向长三角经济区和珠三角经济区，分别有 178 和 167 架次的航班从环渤海经济区内的客源地流向长三角经济区和珠三角经济区内主要旅游目的地省市；其次是流向成渝地区的旅游流，有 122 架次的航班飞往该目的地省市；再次是云贵地区和中部地区，分别有 93 和 66 架次的航班飞往该目的地省市；最后是东北地区，有 17 架次的航班飞往该区域。与 2018 年年底数据相比，以环渤海经济区为客源地的旅游流空间分布变化不明显，都是以流向珠三角经济区、长三角经济区和成渝地区为主，除流向东北地区的旅游流流量小幅度上升外，流向其他各区域的旅游流流量均有较大幅度下降，其中流向珠三角经济区的旅游流流量降幅最大。

表 4–2 大尺度旅游流流动矩阵详表

客源地	目的地	北京	天津	河北	山东	上海	江苏	浙江	广东	福建	湖北	湖南	河南	辽宁	四川	重庆	云南	贵州
环渤海经济区	北京	0	0	0	4	82	16	31	82	12	17	14	2	8	38	29	29	11
	天津	0	0	1	0	17	0	8	21	5	5	9	1	0	5	11	9	8
	河北	0	1	0	0	8	3	6	9	2	0	1	0	2	5	4	6	2
	山东	4	0	0	0	7	0	0	32	4	5	12	0	7	10	20	15	13
长三角经济区	上海	84	17	8	7	0	1	0	154	13	25	25	16	27	48	46	39	16
	江苏	15	0	3	0	1	0	0	59	6	0	7	1	11	18	17	21	12
	浙江	32	8	6	0	0	0	0	56	0	5	4	9	7	13	20	12	12
珠三角经济区	广东	82	21	9	34	152	60	56	0	8	25	4	31	28	69	58	44	12
	福建	12	5	2	4	13	6	0	8	0	4	4	6	5	7	9	6	6
中部地区	湖北	17	5	0	5	25	0	5	24	4	0	0	0	4	11	10	13	8
	湖南	15	9	1	12	25	7	4	4	4	0	0	0	9	8	13	11	3
	河南	2	1	0	0	16	1	9	31	6	0	0	0	8	7	11	20	10
东北地区	辽宁	8	0	2	6	28	11	8	28	5	4	9	8	0	14	12	7	6
成渝地区	四川	38	6	5	12	45	17	13	69	7	11	9	8	15	0	0	24	8
	重庆	30	11	4	20	46	17	21	55	9	10	13	10	14	0	0	13	1
云贵地区	云南	27	9	6	13	41	20	12	45	6	13	11	19	7	24	19	0	1
	贵州	11	8	2	13	16	12	12	12	6	8	2	10	8	7	1	0	0

注：除广东省所查航班为广州市和深圳市外，其余所查航班的出发地或目的地均为该省（区、市）的省会城市。

注：查询地址为 http：//flight.elong.com；航班时间为 2019–04–19，周五。

从环渤海经济区主要客源省市细化分析来看（见表 4–2），在环渤海经济圈中，北京市、天津市、河北省和山东省两省两市经济发展相对较好，选取其作为重要的客源地，辽宁省纳入东北地区统计范围。首先是以北京为客源地时，可以看出北京流向广东和上海的旅游流流量相对最大，均有 82 架次的航班从北京飞往广东省和上海市；其次是流向四川的旅游流，有 38 架次的航班；再次是流向浙江的旅游流，有 31 架次的航班；而仅从航班架次来判断，北京飞往河南和山东的客流量最少，然而距离较近，所以该数字不能说明北京流向两地的客流量较少，只能说明北京通过航空流向河南和山东的旅游流相对最少。与 2018 年年底数据相比，以北京作为客源地的旅游流流向基本不变，北京流向广东和上海的流量仍然是最大。

当以天津作为客源地时，天津流向广东的旅游流流量也是相对最多，有 21 架次的航班从天津飞往广东；其次是上海，有 17 架次的航班。而仅从航班架次来看，由于天津距离北京较近，天津没有流向北京的航班，因此不能用航班说明问题。但与 2018 年年底数据相比，以天津作为客源地的旅游流流向基本不变，天津流向广东和上海的流量仍然是最大，飞往重庆航班保持第三，飞往其他大部分省市的航班均呈下降态势。

当以河北作为客源地时，河北流向上海、广东的旅游流流量相对最多，分别有 8 和 9 架次的航班从河北飞往上海和广东。仅从航班架次来看，河北流向其他地区的航班架次相对很少，表明河北省居民大尺度出游力较小。与 2018 年年底数据相比，以河北作为客源地的旅游流流向没有发生明显变化，仍以流向上海、广东为第一大旅游流，且客流量有所降低。

当以山东作为客源地时，山东流向广东的旅游流流量最多，有 32 架次的航班从山东流向广东，其次为流向重庆、云南、贵州的客流量，分别有 20、15 和 13 架次航班从山东流向三地；然后是流向湖南、四川的航线，分别有 12、10 架次的航班，较上年降幅较大。与 2018 年年底数据相比，以山东作为客源地的旅游流流向西南旅游目的地的旅游流有所增加，而其他地区则不增反降。

（二）以长三角经济区为客源地的旅游流空间分布

当以长三角经济区为客源地时（见表 4-1），可以看出流向珠三角经济区的旅游流流量相对最大，有 288 架次的航班从长三角经济区的主要客源地省市飞往珠三角经济区的主要目的地省市。长三角经济区的第二大旅游流是流向环渤海经济区主要目的地省市，有 180 架次的航班飞往该区域的主要目的地。再次是流向成渝地区重要旅游目的地省市，有 162 架次的航班。而长三角经济区流向东北地区的旅游流相对最小，仅有 45 架次的航班从长三角流向该区域主要目的地。与 2018 年年底数据相比，以长三角经济区为客源地的旅游流向变化较明显，珠三角、环渤海经济区仍然是长三角经济区的主要旅游目的地，同时较去年珠三角经济区和环渤海经济区的旅游客流量来说降幅较大，分别相对减少了116 和 70 架次航班；相对而言，中部地区和东北地区的旅游客流量变化较少，分别减少了 43 架次和 22 架次的航班。总体来看，以长三角经济区为客源的旅游流总体均有所减少，但变化程度差异较明显。

从长三角经济区主要客源省市细化分析来看（见表 4-2），长三角经济区的主要客源地省市包括上海市、江苏省和浙江省。当以上海作为客源地时，上海流向广东的旅游流流量相对最大，有 154 架次航班从上海飞往广东；其次是北京，有 84 架次的航班从上海飞往北京；再次是四川，有 48 架次的航班从上海飞往四川。而仅从航班架次来看，上海流向江苏的旅游流流量相对最小，只有 1 架次的航班。与 2018 年年底数据相比，以上海作为客源地的旅游流流量减少，广东、北京仍是主要旅游流，其余省市旅游流流量也有所减少，从总体上看，以上海为客源地的旅游流增长潜力较大。

当以江苏省作为客源地时，江苏流向广东的旅游流流量相对最大，有 59 架次的航班从江苏流向广东；其次是流向云南，有 21 架次的航班；再次是流向四川，有 18 架次的航班。从航班架次来看，江苏没有流向天津、浙江、湖北和山东的航线，江苏流向河南、上海的旅游流流量相对较小，每天只有 1 架次航班流向两省（市）。与 2018 年年底数据相比，以江苏作为客源地的旅游流流向变化不大，仍以广东为第一大旅游流，而北京跃居第二大旅游流，河北航班架次增加为 3 架次，其他省市或有小幅度减少或不变。

当以浙江省作为客源地时，浙江流向广东的旅游流流量相对最大，有 56 架次的航班从浙江飞往广东；其次是流向北京，有 32 架次的航班；再次是流向重庆、四川，分别有 20、13 架次，云南和贵州则均有 12 架次的航班。仅从航班架次来看，浙江没有流向江苏和福建的旅游流航班，由于浙江距离这两个省市较近，不能完全用航班来说明问题；亦没有航班从浙江飞往山东、上海。与 2018 年年底数据相比，以浙江作为客源地的旅游流流向有所降低，浙江流向广东、北京的旅游流仍是前两大旅游流，旅游流流量总体上有所减少，其中，浙江流向广东的降幅最大，流向周边省市的流量有一定减少。

（三）以珠三角经济区为客源地的旅游流空间分布

当以珠三角经济区作为主要客源地时（见表 4-1），可以看出从该客源区域流向长三角经济区的旅游流相对最大，有 287 架次的航班从珠三角经济区的主要客源地省市飞往长三角经济区的主要目的地省市。珠三角经济区的第二大旅游流是流向环渤海经济区的，有 169 架次的航班飞往该区域的主要目的地。再次是流向成渝地区的重要旅游目的地省市，有 143 架次的航班。而珠三角经济区流向东北地区和云贵地区的旅游流在主要目的地中相对最小，分别仅有 33 和 68 架次的航班从珠三角经济区流向该区域主要目的地。与 2018 年年底数据相比，以珠三角经济区为客源地的旅游流向变化较明显，长三角，环渤海经济区仍然是长三角经济区的主要旅游目的地，而长三角经济区的旅游客流量减少幅度较大，相对减少了 128 次航班；其次，东北地区和中部地区的旅游客流量变化较少，分别减少了 11 和 31 架次的航班，总体来看，以珠三角经济区为客源的旅游流总体均有所降低，幅度较大，其中珠三角流向长三角地区旅游流降幅最明显。

从珠三角经济区主要客源省市细化分析来看（见表 4–2），珠三角经济区客源省市主要包括广东省和福建省，其中广东省经济发达，无疑是珠三角经济区内部最大的一个客源地，福建省则可作为重要的客源地。当以广东省作为客源地时，广东流向上海的旅游流流量相对最大，有 152 架次的航班从广东飞往上海；其次是流向北京和四川的旅游流，分别有 82、69 架次航班从广东飞往北京和四川；再次是流向江苏的旅游流，有 60 架次航班。从广东飞往河北、福建、湖南的旅游流流量相对最小，分别有 9、8、4 架次航班从广东飞往河北、福建和湖南；其次是流向贵州的旅游流流量相对较小，有 12 架次航班从广东飞往贵州。与 2018 年年底数据相比，以广东作为客源地的旅游流流向仍以广东流向上海、北京这两大旅游流为主，旅游流流量总体上呈现较大的降幅，飞往北京、上海、浙江、四川的航班架次均显著降低。

当以福建省作为客源地时，福建流向上海的旅游流流量相对最大，有从福建飞往上海的航班架次是 13 架，其次是北京，有 12 架次航班从福建飞往广东，然后是重庆，有 9 架次航班从福建飞往重庆。而仅从航班架次来看，福建流向河北的旅游流流量相对较小，仅有 2 架次的航班从福建飞往河北。与 2018 年年底数据相比，以福建作为客源地时旅游流流量总体上变化较大，航班架次减少了近 60%。

（四）以中部地区为客源地的旅游流空间分布

当以中部地区为客源地时（见表 4–1），可以看出从该客源区域流向长三角经济区的旅游流相对最大，有 92 架次的航班从中部地区的主要客源地省市飞往长三角经济区的主要目的地省市。中部地区的第二大旅游流流向是珠三角经济区，其中有 73 架次的航班飞往该区域的主要目的地省市。再次是环渤海经济区和云贵地区的重要旅游目的地省市，分别有 67 和 65 架次的航班。而中部地区流向东北地区的旅游流在主要目的地中相对最小，仅有 21 架次的航班从中部地区飞往该区域主要目的地。与 2018 年年底数据相比，以中部地区为客源地的旅游流流向除云贵地区小幅度增加外，均有所降低。其中，长三角和环渤海经济区的旅游流流量降幅较大。

从中部地区主要客源省市旅游流细化分析来看（见表 4-2），其主要客源地省市包括湖北、湖南和河南。当以湖北作为客源地时，湖北流向上海的旅游流流量相对最大，有 25 架次的航班从湖北飞往上海；其次是流向广东和北京的旅游流流量相对较大，分别有 24 和 17 架次的航班从湖北飞往广东、北京；再次是流向云南的旅游流流量也相对较大，从湖北飞往云南的航班为 13 架次。而仅从航班架次来看，湖北流向湖北、江苏、河南、湖南的旅游流流量相对较小，数据为零，由于湖北距离四省比较近，不能完全用航班说明问题；其次是流向山东、天津的旅游流流量也较小。与 2018 年年底数据相比，以湖北省为客源地时旅游流流向有所变化，降幅明显，流向各省市的客流量除了天津和重庆有所增长外，其他均有所降低。

当以湖南省作为客源地时，湖南流向上海和北京的航班相对最多，分别有 25 和 15 架次的航班从湖南飞往上海和北京；其次是流向山东和重庆，分别有 12、13 架次的航班飞往两地；再次是流向云南，每天有 11 架次的航班从湖南飞往云南。而仅从航班架次来看，湖南流向湖北、河南的旅游流流量最小，没有航班飞往两地，由于湖南距离湖北、河南比较近，不能完全用航班说明问题。与 2018 年年底数据相比，以湖南省为客源地时旅游流流向无明显变化，上海、北京和重庆仍是湖南前三大旅游流，山东紧随其后，排名第四。

当以河南省作为客源地时，河南流向广东的旅游流流量相对最大，有 31 架次的航班从河南飞往广东；其次是云南和上海，分别有 20 和 16 架次的航班从河南飞往两地；再次是重庆和贵州，分别有 11 和 10 架次的航班从河南飞往两地。而仅从航班架次来看，每天没有航班从河南飞往湖南和湖北，由于河南距离湖南、湖北较近，不能完全用航班说明问题，此外也没有飞往河北和山东的航班。河南流向天津、北京和江苏的旅游流流量相对较小，分别有 1、2、1 架次的航班。与 2018 年底数据相比，以河南省作为客源地时旅游流流向变化不明显，总体上广东仍然是最大旅游流，流向四川的旅游流降幅最大，流向云南的旅游流略微增加。

（五）以东北地区为客源地的旅游流空间分布

当以东北地区为客源地时（见表 4-1），可以看出从该客源区域流向长三角经济区的旅游流相对最大，有 47 架次的航班从该区域飞往长三角经济区的主要目的地省市。其次是流向珠三角经济区的旅游流，有 33 架次的航班飞往该区域的主要目的地省市。再次是成渝地区的重要旅游目的地省市，有 26 架次的航班。而东北地区流向环渤海经济区和云贵地区的旅游流在主要目的地中相对最小，分别有 16 和 13 架次的航班从东北地区流向该区域主要目的地。与 2018 年年底数据相比，以东北地区为客源地的旅游流流向无明显变化，珠三角、长三角仍是两大旅游流，环渤海经济区旅游流流量有小幅度增长，其他地区均有所下降，其中流向成长三角经济区的旅游流降幅最大。

从东北地区主要客源省市的旅游流细化分析来看（见表 4-2），东北地区包括东北三省——黑龙江、辽宁、吉林，目前最具潜力的客源地仅有辽宁省。对于其旅游流空间分布来说，客流量相对最大的地区是上海和广东，均有 28 架次航班从辽宁省飞往上海市和广东省；其次是四川，有 14 架次的航班从辽宁飞往四川；再次是重庆，有 12 架次的航班从辽宁飞往重庆。而仅从航班架次来看，辽宁流向天津的旅游流相对最小，没有航班飞往山东。与 2018 年年底数据相比，以辽宁为客源地时旅游流流向变化不大，仍主要是广东、上海，其中河北增长 2 架次航班，山东增长 3 架次航班，其余省份、直辖市航班架次均降低或不变。

（六）以成渝地区为客源地的旅游流空间分布

以成渝地区为客源地的旅游流空间分布（见表 4-1），可以看出从该客源区域流向长三角和珠三角经济区的旅游流相对最大，分别有 159 和 140 架次的航班从成渝地区的主要客源省市飞往两个经济区的主要目的地省市。成渝地区的第三大旅游流流向是环渤海经济区，有 126 架次的航班飞往该区域的主要目的地省市。再次是云贵地区和中部地区的重要旅游目的地省市，分别有 46 和 61 架次的航班。而成渝地区流向东北地区的旅游流在主要目的地中相对最小，仅有 29 架次的航班从成渝地区流向该区域主要目的地。与 2018 年年底数据相比，以成渝地区为客源地的旅游流流向总体上流量减少，其中以成渝地区流向东部三大经济区的旅游流降幅最大。

从成渝地区主要客源省市旅游流细化分析来看（见表 4-2），四川和重庆均是我国主要客源地。当以四川作为客源地时，四川流向广东的旅游流流量相对最大，有 69 架次的航班从四川飞往广东；其次是流向上海，有 45 架次的航班从四川飞往上海；再次是北京，有 38 架次的航班。而仅从航班架次来看，四川流向河北和天津的旅游流流量相对最小，分别仅有 5 和 6 架次的航班从四川飞往两地；其次是福建，仅有 7 架次的航班飞往福建省。与 2018 年年底数据相比，以四川为客源地时旅游流流向均有所减少，总体减少近 50%；旅游流流向仍以流向北京、广东和上海为主要旅游流，且流向三地的流量降幅最大。

当以重庆为客源地时，重庆流向广东的旅游流流量相对最大，有 55 架次的航班从重庆飞往广东；其次是流向上海，有 46 架次的航班从重庆飞往上海；再次是流向北京，有 30 架次的航班飞往北京。而仅从航班架次来看，重庆流向四川的旅游流流量相对最小，每天没有航班，由于重庆距离四川较近，不能完全用航班说明问题；其次是流向贵州旅游流流量相对较小，仅有 1 架次的航班从重庆飞往贵州。与 2018 年年底数据相比，以重庆作为客源地时旅游流流向变化较大，总体减少 30%，广东、上海仍位居旅游流排名前列，北京保持第三位。从减少的幅度来看，上海、广东和云南是减少幅度较大的省份，除山东、湖北和辽宁的旅游流有略微增长外，其他各省市都有所降低。

（七）以云贵地区为客源地的旅游流空间分布

当以云贵地区为客源地时（见表 4-1），可以看出从该客源区域流向长三角经济区的旅游流相对最大，有 113 架次的航班从云贵地区的主要客源地省市飞往长三角经济区的主要目的地省市。云贵地区的第二大旅游流流向是环渤海经济区，有 89 架次的航班飞往该区域的主要目的地省市。再次是珠三角的重要旅游目的地省市，有 69 架次的航班飞往珠三角经济区。其四是成渝地区，有 51 架次的航班飞往成渝地区。而云贵地区流向东北地区的旅游流在主要目的地中相对最小，仅有 15 架次的航班从云贵地区飞往该区域主要目的地。

从云贵地区主要客源省市旅游流细化分析来看（见表 4-2），云南和贵州均是我国重要客源地。当以云南作为客源地时，云南流向广东的旅游流流量相对最大，有 45 架次的航班从云南飞往广东；其次是流向上海，有 41 架次的航班；再次是流向北京，有 27 架次的航班从云南飞往北京。而仅从航班架次来看，云南流向贵州的旅游流流量相对最小，仅有 1 架次的航班从云南飞往贵州；其次是河北、福建，都仅有6架次的航班飞往两地。

当以贵州作为客源地时，贵州流向上海的旅游流流量相对最大，每天有16架次的航班从贵州飞往上海；其次是流向山东，每天有13架次的航班；再次是流向江苏、浙江和广东的旅游流，均有12架次的航班从贵州飞往三地。而仅从航班架次来看，贵州流向云南的旅游流流量相对最小，从贵州飞往云南的航班架次为零；其次是重庆，仅有1架次的航班从贵州飞往重庆。

二、中尺度旅游客流分析

中尺度旅游客流分析主要是指区域内部、周边省份以及省级内部各城市的旅游流，一般物理距离均在100~500公里。在此主要选择内部流动较大的环渤海经济区、长三角经济区以及珠三角经济区等几个区域进行分析。

（一）环渤海经济区内部旅游流

从环渤海经济区内部来看，北京作为我国经济、政治和文化中心，无疑是环渤海内部最大的一个客源地，也是最主要的目的地。天津作为我国重要的直辖市，也是我国重要的客源地和目的地。在河北省内，北戴河改造完工的火车站于2011年开始投入运营，考虑到北戴河作为环渤海地区的主要旅游目的地，所以将其也纳入统计范围。对于山东来说，由于其经济在全国发展水平较高，其各个地级市均可作为重要的客源地。而对于目的地来说，选择山东旅游业发展较好的地级市作为目的地，具体选择济南、威海、烟台、潍坊和济宁。

当以北京为客源地时，整体上可以看出北京流向天津和石家庄的旅游流流量最大，每天分别有202和153次列车从北京发往天津和石家庄，这一方面反映京津冀的经济关联性，另一方面表明了天津和石家庄是北京在环渤海经济区最主要的目的地；我们将秦皇岛、北戴河作为旅游流考察目的地，从北京到两地便利的交通在某种程度上促进两地旅游人数的增加；对于北京流向山东的旅游流来说，其中流量相对最大的城市为济南，每天有97次列车从北京发往济南。与2018年年底数据相比，以北京作为客源地时旅游流流向呈增加趋势，旅游流流量总体上有所上升。从上升的幅度来看，天津的旅游流流量增幅最大，整体到河北旅游流流量则有所降低。

表 4-3　环渤海经济区内部旅游流分析

		北京	天津	河北					山东					
				石家庄	承德	北戴河	秦皇岛	保定	济南	青岛	威海	烟台	潍坊	济宁
北京		—	202	153	7	24	38	96	97	17	3	5	21	1
天津		203	—	53	2	24	69	35	77	17	1	4	20	0
河北	石家庄	148	52	—					29	11	5	8	19	1
	唐山	45	106						28	8	0	1	9	0
	北戴河	18	23						9	2	0	0	2	0
	秦皇岛	36	73						18	3	0	1	4	0
	邯郸	44	23						3	1	0	1	2	0
	邢台	45	19						7	4	1	1	5	0
	保定	91	35						1	0	0	0	0	0
	张家口	22	4						1	1	0	0	1	0
	承德	7	2						0	0	0	0	0	0
	沧州	55	54						60	13	3	5	17	0
	廊坊	39	24						17	3	0	2	4	0
	衡水	19	23						28	11	5	8	19	2
山东	济南	103	78	29	0	8	20	1	—					
	青岛	16	18	11	0	4	7	0						
	威海	4	3	5	0	0	0	0						
	烟台	6	5	8	0	0	0	0						
	日照	3	4	1	0	1	1	0						
	淄博	21	22	19	0	4	7	0						
	枣庄	17	16	2	0	1	3	0						
	东营	1	1	0	0	0	0	0						
	潍坊	22	24	18	0	4	7	0						
	济宁	1	0	1	0	0	0	0						
	泰安	30	30	5	0	4	10	1						

续表

		北京	天津	河北					山东					
				石家庄	承德	北戴河	秦皇岛	保定	济南	青岛	威海	烟台	潍坊	济宁
山东	滨州	1	1	0	0	0	0	0	—					
	德州	51	67	35	1	9	17	0						
	聊城	14	14	9	0	0	6	1						
	临沂	2	2	0	0	0	0	0						
	菏泽	13	16	6	0	0	7	0						
	莱芜	0	0	0	0	0	0	0						

注：查询地址为 https：//www.12306.cn/index/.
列车时间为 2019-04-19，周五。

当以天津作为客源地时，可以看出天津流向北京的旅游流流量最大，每天有 203 次列车从天津发往北京，北京是天津在环渤海经济区最主要的目的地，也就是说，在环渤海经济区，北京和天津的相互关联性较大；对于天津流向河北的旅游流来说，其中流量相对最大的城市为秦皇岛，由 2015 年的 56 列次上升到了 2019 年的 69 列次，而天津流向北戴河的旅游流流量为 24 列次，较上年增长 2 列次，这表明天津前往秦皇岛的旅游流大于到北戴河的旅游流；对于天津流向山东的旅游流来说，其中流量相对最大的城市为济南，每天有 77 次列车从天津发往济南，较上年减少 3 列次。与 2018 年年底数据相比，以天津作为客源地时旅游流流向无明显变化，但旅游流流量总体上有所增长。从增长的幅度来看，流向北京的旅游流流量增幅最大，增长 47 次的列车；流向济南的旅游流量则减少 3 次的列车。总之，在环渤海内部，北京仍为天津旅游流流量最大客源地，而流向河北的旅游流流量高于流向山东的旅游流流量。

当以河北作为客源地时，可以看出河北流向北京的旅游流流量相对最大，每天有 148 次列车从河北省会石家庄发往北京；河北流向天津的旅游流流量次之，每天有 106 次列车从河北唐山发往天津，这反映了京津冀一体化战略的良好开展与落实；对于河北流向山东的旅游流来说，每天有 60 次列车从河北沧州发往山东济南。与 2018 年年底数据相比，在环渤海经济区内部，北京仍为河北旅游流流量最大客源地，流向天津的旅游流流量高于流向山东的旅游流流量。

当以山东作为客源地时，可以看出山东流向北京旅游流流量相对最大，每天分别有 103 和 51 次列车从山东济南、德州发往北京；山东流向天津的旅游流流量次之，每天分别有 73 和 67 次列车从山东济南、德州发往天津；对于山东流向河北的旅游流来说，其中流量相对较大的城市是石家庄、北戴河和秦皇岛地区，共有 57 次列车从济南开往这三个地区。与 2018 年年底数据相比，在环渤海内部，以山东作为客源地时旅游流流向变化不大，北京仍是山东旅游流流量最大客源地，天津为山东第二大旅游流流向，旅游流量在这一年内有所上升，增幅较为明显，流向河北的旅游流流量相对最小，较上一年增长较大，这表明山东旅游客源市场的活力还有进一步增长的潜力。

从环渤海经济区内部旅游流总体来看（见表 4–4），当以北京为客源地时，北京流向河北的旅游流流量相对最大，其次是流向天津的旅游流流量，最后是流向山东的旅游流流量。当以天津为客源地时，天津流向北京的旅游流流量相对最大，其次是流向河北的旅游流流量，最后是流向山东的旅游流流量。当以河北为客源地时，河北流向北京的旅游流流量相对最大，其次是流向天津的旅游流流量，最后是流向山东的旅游流流量。当以山东为客源地时，山东流向北京的旅游流相对最大，其次是流向天津的旅游流流量，但两者流量相差无几，最后是流向河北的旅游流流量。

总体来看，在环渤海经济区内部，每天河北发往北京的列车流量最多，说明河北流向北京的旅游流是环渤海内部最主要旅游流，而天津流向山东的旅游流流量在环渤海内部是最小的。与 2018 年年底数据相比，环渤海经济区内部旅游流向有明显变化，仍以河北流流向北京为第一大旅游流，河北流向天津保持第二大旅游流地位，河北流向山东跃升为第三位。而且，环渤海经济区的旅游流流量除北京流向河北的流量有所下降外，均有不同程度增长，其中河北流向山东的流量增长最多，增加了 81 车次的流量，天津流向北京的次之，增加了 47 车次。

表 4–4　环渤海经济区内部旅游流总体分析

	北京	天津	河北	山东
北京	—	202（+45）	318（–4）	144（+10）
天津	203（+47）	—	183（+7）	119（–2）
河北	569（+18）	438（+3）	—	384（+81）
山东	305（+19）	301（+25）	273（+56）	—

（二）长三角经济区内部旅游流

从长三角经济区内部来看，上海作为我国经济中心和国际化大都市，无疑是长三角内部最大的一个客源地也是最主要的目的地。江苏作为东部沿海省份，经济较为发达，其各个地级市均可作为重要的客源地，而就目的地来说，选择江苏著名的旅游城市作为目的地经济较为发达，其各个地级市均可作为重要的客源地，具体选择南京、苏州和扬州。对于同样是东部沿海城市的浙江来说，经济也较为发达，各个地级市均可作为重要的客源地，而对于目的地来说，选择浙江著名的旅游城市作为目的地，包括杭州、宁波和绍兴。

表 4–5 长三角经济区内部旅游流分析

		上海	江苏			浙江		
			南京	苏州	扬州	杭州	宁波	绍兴
上海		—	290	251	0	184	54	43
江苏	南京	281	—			140	42	36
	苏州	254				49	18	15
	扬州	0				0	0	0
	常州	213				45	17	14
	连云港	2				1	0	0
	无锡	224				27	15	13
	泰州	0				0	0	0
	徐州	101				54	16	14
	镇江	141				27	10	9
浙江	杭州	181	139	48	0	—		
	宁波	50	44	17	0			
	温州	47	45	15	0			
	绍兴	44	36	15	0			
	嘉兴	138	34	36	0			
	金华	88	44	16	0			
	衢州	48	18	9	0			
	台州	24	21	7	0			
	丽水	15	20	4	0			

注：查询地址为 https：//www.12306.cn/index/.
列车时间为 2019–04–19，周五。

当以上海为客源地时，可以看出上海流向南京的旅游流流量最大，每天有290次列车从上海发往江苏省会南京，251次列车从上海发往江苏苏州。对于上海流向浙江的旅游流来说，其中客流量相对最大的城市是杭州，每天有184次列车从上海发往浙江省会杭州。与2018年年底数据相比，在长三角经济区内部，以上海作为客源地时旅游流流向无明显变化，流向江苏的旅游流流量仍然大于流向浙江的旅游流流量，但两省差距进一步加大，即上海流向江苏南京和苏州的旅游流流量分别增加8和7次列车，而流向浙江的旅游流有所下降，其中流向宁波和绍兴的旅游流分别下降2和5次列车。

当以江苏作为客源地时，可以看出江苏流向上海的旅游流流量最大，每天有281次列车从江苏省会南京发往上海，有254次列车从苏州发往上海。对于江苏流向浙江的旅游流来说，其中流量相对最大的城市是杭州，每天有140次列车从江苏省会南京发往浙江省会杭州，与2018年年底数据相比，在长三角经济区内部，以江苏作为客源地时旅游流流向没有变化，流向上海的旅游流流量仍然最大，且增幅较大为137，其次是流向浙江，增幅为41。

当以浙江作为客源地时，可以看出浙江流向上海的客流量最大，每天有181次列车从浙江省会杭州发往上海。对于浙江流向江苏的旅游流来说，其中客流量相对最大的城市是南京，每天有139次列车从浙江杭州发往江苏南京。与2018年年底数据相比，在长三角经济区内部，以浙江作为客源地时旅游流流向基本没有变化，流向上海的流量仍位居第一位，其次是流向江苏，但流向江苏的旅游流流量增幅略大于流向上海的。

表4–6　长三角经济区内部旅游流总体分析

	上海	江苏	浙江
上海	—	541（+15）	281（–2）
江苏	1216（+137）	—	562（+41）
浙江	635（+49）	568（+56）	—

从长三角经济区内部旅游流总体来看（见表4–6），当以上海为客源地时，上海流向江苏的旅游流流量相对最大，其次是流向浙江的旅游流流量。当以江苏为客源地时，江苏流向上海的旅游流流量相对最大，其次是流向浙江的旅游流流量，当以浙江为客源地时，浙江流向上海的旅游流流量相对最大，其次是

流向江苏的旅游流流量。

总体来看，在长三角经济区内部，每天江苏流向上海的旅游流流量相对最大，是长三角经济区内部最主要的旅游流，而上海流向浙江的旅游流流量在长三角内部最小。与 2015 年年底数据相比，长三角经济区内部旅游流流向没有变化，仍以江苏流向上海为第一大旅游流，浙江流向上海为第二大旅游流，浙江流向江苏上升为第三大旅游流；流向结构上，江苏流向上海的客流量上升幅度最大。

（三）泛珠三角经济区内部旅游流

从泛珠三角经济区内部来看，广东经济发达，无疑是泛珠三角经济区内部最大的一个客源地，也是最主要的目的地。福建各地级市均可作为重要的客源地，而对于目的地来说，选取旅游业发展较好的地级市，具体选择福州和厦门。广西各地级市也可作为重要的客源地，而对于目的地来说，选取旅游业发展较好的地级市，具体选择南宁和桂林。

表 4-7 泛珠三角经济区内部旅游流分析

<table>
<tr><th colspan="2" rowspan="2"></th><th colspan="3">广东</th><th colspan="2">福建</th><th colspan="2">广西</th></tr>
<tr><th>广州</th><th>深圳</th><th>珠海</th><th>福州</th><th>厦门</th><th>南宁</th><th>桂林</th></tr>
<tr><td rowspan="12">广东</td><td>广州</td><td colspan="3" rowspan="12">—</td><td>1</td><td>6</td><td>58</td><td>52</td></tr>
<tr><td>深圳</td><td>26</td><td>52</td><td>4</td><td>7</td></tr>
<tr><td>韶关</td><td>0</td><td>0</td><td>0</td><td>1</td></tr>
<tr><td>佛山</td><td>0</td><td>1</td><td>36</td><td>24</td></tr>
<tr><td>江门</td><td>0</td><td>0</td><td>0</td><td>0</td></tr>
<tr><td>湛江</td><td>0</td><td>0</td><td>2</td><td>2</td></tr>
<tr><td>茂名</td><td>0</td><td>1</td><td>3</td><td>0</td></tr>
<tr><td>肇庆</td><td>0</td><td>1</td><td>36</td><td>25</td></tr>
<tr><td>惠州</td><td>17</td><td>38</td><td>1</td><td>0</td></tr>
<tr><td>梅州</td><td>0</td><td>2</td><td>1</td><td>0</td></tr>
<tr><td>河源</td><td>0</td><td>2</td><td>1</td><td>0</td></tr>
<tr><td>东莞</td><td>0</td><td>3</td><td>1</td><td>0</td></tr>
</table>

续表

		广东			福建		广西	
		广州	深圳	珠海	福州	厦门	南宁	桂林
福建	福州	1	26	0	—		1	1
	厦门	4	49	0			1	0
	漳州	3	34	0			1	0
	龙岩	2	4	0			1	0
	三明	0	2	0			0	0
	南平	0	3	0			1	1
广西	南宁	57	4	2	1	1	—	
	柳州	18	5	0	1	0		
	桂林	51	7	2	1	0		
	贵港	42	5	2	0	1		
	玉林	7	4	0	0	1		
	百色	19	1	1	0	1		
	来宾	9	2	0	1	0		
	崇左	0	0	0	0	0		

注：查询地址为 https：//www.12306.cn/index/.
列车时间为 2019-04-19，周五。

当以广东作为客源地时，可以看出广东流向广西的旅游流流量相对最大，其中流量最大的是每天有 58 次列车从广东省广州市发往广西省会南宁市；对于广东流向福建的旅游流来说，其中客流量相对最大的城市是厦门，每天分别有 52 和 38 次列车从广东深圳和惠州发往厦门。与 2018 年年底数据相比，在泛珠三角经济区内部，以广东作为客源地时旅游流流向和旅游流流量变化较明显，一方面，广东省各城市流向福建的旅游流流量均有小幅度增长；另一方面，广东佛山流向广西的旅游流流量大幅度增加，增加了 33 次列车。

当以福建作为客源地时，可以看出福建流向广东的旅游流流量相对最大，其中最大的流量是厦门开往深圳的流量，每天有 49 次；对于福建流向广西的旅游流来说，旅游流流量有小幅度增长。与2018年年底数据相比，在泛珠三角经济区内部，以福建作为客源地时旅游流流向和旅游流流量变化不太明显，流向广东、广西的流量均有小幅度增长。

当以广西作为客源地时，可以看出广西流向广东的旅游流流量相对最大，每天有57次列车从广西省会南宁发往广东省会广州，有51次列车从广西桂林发往广州；对于广西流向福建的旅游流来说，客流量小幅度增长。与2018年年底数据相比，在泛珠三角经济区内部，以广西作为客源地时旅游流流向和旅游流流量变化不明显，流向广东的流量增幅较小，南宁流向广州的旅游流减少3车次，贵港的旅游流减少2车次，柳州、百色、来宾则分别增加2、1、2车次。南宁仍是广西流向广东的第一大流，依然是区域内主要流向，而流向福建的流量小幅度增长。

表4–8　泛珠三角经济区内部旅游流总体分析

	广东	福建	广西
广东	—	150（+4）	254（+30）
福建	128（+9）	—	7（+4）
广西	238（+8）	8（+4）	—

从泛珠三角经济区内部旅游流总体来看（见表4–8），当以广东为客源地时，广东流向广西的旅游流流量相对较大，其次是流向福建的旅游流流量。当以福建为客源地时，福建流向广东的旅游流流量相对较大，其次是流向广西的旅游流流量。当以广西为客源地时，广西流向广东的旅游流流量相对较大，其次是流向福建的旅游流流量。

总体来看，广东流向广西的旅游流流量相对最大，是泛珠三角经济区内部的最主要旅游流，广西流向广东的旅游流下降至第二，广东流向福建的旅游流位列第三，而广西流向福建和福建流向广西的旅游流流量在珠三角经济区内最小。与2018年年底数据相比，广东流向广西的旅游流增长较为明显，增长30车次，其余旅游流都有较小程度的增长。

（四）中部六省之间的旅游流

中部六省包括河南、湖北、湖南、安徽、山西和江西。其中经济相对较发达的是湖北、湖南和河南，其他三省相对比较落后，所以选取湖北、湖南和河南 3 个省份的各地级市作为重要的客源地。而对于目的地来说，湖北、湖南、河南和安徽的旅游业发展相对较好，所以选取这 4 个省份的旅游业发展相对较好的地级市作为目的地，湖北省具体选择武汉、宜昌和十堰，湖南省具体选择长沙、张家界和衡阳，河南省具体选择郑州、开封、洛阳和焦作，安徽省具体选择合肥、黄山和池州。

当以湖北为客源地时，可以看出湖北流向湖南的旅游流流量相对最大，其中客流量相对最大的城市是长沙，每天有 149 次列车从湖北省会武汉发往湖南省会长沙；对于湖北流向河南的旅游流来说，其中客流量相对最大的城市是郑州，每天有 127 次列车从湖北省会武汉发往河南省会郑州；对于湖北流向安徽的旅游流来说，其中客流量相对最大的城市是合肥，每天有 61 次列车从湖北省会武汉发往安徽省会合肥。与 2018 年年底数据相比，在中部六省之间，以湖北作为客源地时旅游流流向均有小幅度增长，其中以湖北流向安徽的旅游流流量增幅最大。

当以湖南作为客源地时，可以看出湖南流向湖北的旅游流流量相对最大，其中客流量相对最大的城市是武汉，每天会有 151 次列车从湖南省会长沙发往湖北省会武汉；对于湖南流向河南的旅游流来说，其中客流量相对最大的城市是郑州，每天有 83 次列车从湖南省会长沙发往河南省会郑州；对于湖南流向安徽的旅游流来说，其中客流量相对最大的城市是合肥，每天有 14 次列车从湖南长沙发往合肥。与 2018 年年底数据相比，在中部六省之间，以湖南作为客源地时旅游流流向基本没有变化，旅游流流量变化较小，其中湖南流向湖北、安徽的旅游流流量均增长 13 车次，而流向湖南的旅游流增减少 3 车次。

当以河南作为客源地时，可以看出河南流向湖北的旅游流流量相对最大，其中客流量相对最大的城市是武汉，每天有 124 次列车从河南省会郑州发往湖北省会武汉；对于河南流向湖南的旅游流来说，其中客流量相对最大的城市是长沙，每天有 82 次列车从河南省会郑州发往湖南省会长沙；对于河南流向安徽省旅游流来说，其中客流量相对最大的城市是商丘，每天均有 14 次列车从河南商丘发往安徽省会合肥。与上一年度相比，在中部六省之间，以河南作为客源地因旅游流流向基本没有变化，旅游流流量较大幅度增加，其中以河南流向湖南的旅游流流量增幅最大。

表 4–9 中部六省之间旅游流（列车次数）

		湖北			湖南			河南			安徽		
		武汉	宜昌	十堰	长沙	张家界	衡阳	郑州	开封	洛阳	合肥	黄山	池州
湖北	武汉	—			149	1	82	127	4	21	61	4	0
	黄石				0	0	0	11	0	5	1	4	0
	十堰				3	0	3	9	3	0	3	0	0
	宜昌				11	2	8	7	0	0	22	1	0
	襄阳				10	6	9	14	3	4	5	0	0
	荆州				6	0	5	4	0	0	20	1	0
	荆门				5	6	5	2	0	3	0	0	0
	鄂州				0	0	0	11	0	5	0	3	0
	孝感				21	0	13	27	1	6	1	1	0
	黄冈				1	0	1	1	0	0	0	0	0
	咸宁				61	0	34	25	3	4	8	0	0
	随州				3	0	3	1	0	1	2	0	0
	恩施				4	0	3	5	0	0	15	0	0
湖南	长沙	151	11	3	—			83	3	13	14	2	0
	株洲	47	6	3				20	2	6	6	2	3
	湘潭	8	0	0				6	1	0	2	1	1
	衡阳	79	6	3				34	2	11	6	2	2
	邵阳	5	0	0				3	1	0	2	1	0
	岳阳	106	4	2				50	3	10	12	0	0
	张家界	1	2	0				2	0	2	0	0	0
	益阳	1	4	1				1	0	1	0	0	0
	常德	1	4	1				1	0	1	0	0	0
	娄底	12	0	0				10	1	0	3	1	1
	郴州	72	7	3				31	2	9	4	2	0
	永州	16	0	0				11	0	0	2	0	2
	怀化	16	2	0				14	1	2	2	2	1

续表

		湖北			湖南			河南			安徽		
		武汉	宜昌	十堰	长沙	张家界	衡阳	郑州	开封	洛阳	合肥	黄山	池州
河南	郑州	124	7	10	82	2	39				9	4	0
	洛阳	24	0	0	16	2	13				6	2	0
	商丘	17	1	3	10	0	4				14	3	0
	安阳	30	2	3	18	2	8				1	0	0
	南阳	2	1	9	2	3	2				2	0	0
	开封	10	0	3	6	0	4				6	0	0
	平顶山	6	1	9	4	3	4				1	0	0
	焦作	1	0	1	1	2	1				0	0	0
	新乡	30	1	5	18	3	10		—		1	0	0
	鹤壁	20	0	2	14	1	6				1	0	0
	许昌	56	0	2	32	1	18				0	2	0
	漯河	77	3	3	44	1	24				1	2	0
	三门峡	9	0	0	5	0	3				3	1	0
	信阳	95	2	2	56	1	34				10	1	0
	周口	2	0	0	1	0	1				1	0	0
	驻马店	79	2	0	49	1	33				1	2	0
	济源	1	0	1	0	1	0				0	0	0

注：查询地址为 https：//www.12306.cn/index/.
列车时间为 2019-04-19，周五。

从中部六省内部旅游流总体来看（见表 4-10），当以湖北省为客源地时，湖北流向湖南的旅游流流量相对最大，其次是流向河南的旅游流流量，最后是流向安徽的旅游流流量。当以湖南为客源地时，湖南流向湖北的旅游流流量相对最大，其次是流向河南的旅游流流量，最后是流向安徽的旅游流流量。当以河南为客源地时，河南流向湖北的旅游流流量相对最大，其次是流向湖南的旅游流流量，最后是流向安徽的旅游流流量。

总体来看，河南流向湖北的旅游流流量相对最大，是中部六省之间最主要的旅游流，河南流向湖南的旅游流流量紧随其后，而湖南流向安徽和河南流向安徽的旅游流流量在中部六省内部是最小的，与2018年年底数据相比，中部六省之间旅游流流向有明显变化，河南流向湖北的旅游流流量仍保持第一，河南流向湖南和湖南流向湖北的旅游流是第二、第三大旅游流，除湖南流向河南的旅游流流量略微减少外，其余中部六省之间旅游流总体流量均有所增加，其中河南流向湖南的旅游流流量增幅最大，湖北与安徽、河南与湖北、湖北与湖南之间的旅游流流量增幅较大，这表明河南、湖南、湖北三省之间的经济关联开始越来越密切。

表4–10　中部六省内部旅游流总体分析

	湖北	湖南	河南	安徽
湖北	—	455（+21）	307（+20）	152（+25）
湖南	577（+13）	—	337（–3）	76（+13）
河南	656（+41）	585（+42）	—	74（+10）

三、旅游流通道便捷度

（一）旅游流通道便捷指数

旅游流通道便捷指数主要是指旅游流在通道中流动时的便利快捷程度。该指数的大小主要与目的地之间航班次数、列车班次以及旅游流通道长度有很大关系。为了更好地反映出旅游流通道的便捷度，借助通道便捷指数公式对各区域旅游流进行计算。具体公式如下：

$$J=\frac{H\bullet\gamma+L\bullet\sigma+G\bullet\chi+D\varepsilon+\cdots\cdots}{R}$$

其中，J表示旅游交通便捷指数；H表示航班次数；L表示列车次数；G表示旅游大巴班次；D表示地铁等城市有轨列车班次；“……”表示其他交通方式的次数。R表示北京与对流省市之间的物理距离；其中ε、γ、σ、χ均表示为待定系数。

旅游流通道长度主要是指旅游流空间流动轨迹的长度。由于省际旅游流通道长度即为航空距离，因此旅游流通道长度选取航空距离。将距离800千米以内的省市划分为近距离对流省市，将距离在801~1500千米省市定为中距离对流省市，将距离在 1500 千米以上作为远距离对流省市。

旅游流通道广度是指目的地之间旅游流流动时各种有效可替代交通方式的种类，其中有效可替代交通方式是指在便利程度和快捷程度方面相当的交通方式。一般来说，可替代交通方式越多旅游通道的广度越广，可替代性交通方式越少，旅游流通道的广度越窄。对于国际间入境旅游流来说，可替代性相对较弱，绝大多数旅游流仅能依靠航空方式。而对于省际旅游流来说，除了航空方式外，还可选择铁路作为替代工具。对于区内旅游流通道来说，除了以上各种交通方式外，还有国道、省道以及旅游专线等作为替代。对于市区的旅游流通道来说，其可替代的交通方式最多。总体来看，空间尺度越小，旅游流通道的广度越广。具体对近距离旅游通道宽度来说，由于游客对铁路便捷性的心理感知要强于航空，所以分别对 γ 取值 10，对 σ 取值为 15，即旅游流通道宽度用 $H10+L15$ 来计算；对于中距离旅游流通道宽度来说，由于游客对航空和铁路的便捷度心理感知差异不大，所以对 γ 和 σ 平均取值为 10，即旅游流通道宽度用 $H10+L10$ 来计算；对于远距离旅游流通道宽度来说，由于游客对航空的便捷度感知要远远大于铁路，所以分别对 γ 取值 15，对 σ 取值为 5，即旅游流通道宽度用 $H15+L5$ 来计算。

根据旅游流便捷指数计算公式对各经济区之间的旅游流通道便捷度进行计算。

（二）旅游流通道便捷度分析

1. 以环渤海经济区为客源地的旅游流通道便捷度分析

在环渤海经济区，北京的经济实力最强，旅游业发展也最好，因此选取北京作为环渤海经济区的代表。从流向环渤海内部来看，北京流向天津的旅游流通道便捷度大于流向河北的旅游流通道便捷度，而北京流向河北的旅游流通道便捷度大于流向山东的旅游流通道便捷度；从流向长三角经济区来看，北京流向上海的旅游流通道便捷度大于流向江苏的旅游流通道便捷度，而北京流向江苏的旅游流通道便捷度大于流向浙江的旅游流通道便捷度；从流向珠三角经济区来看，北京流向广东的旅游流通道便捷度大于流向福建的旅游流通道便捷度；从流向中部地区来看，北京流向河南的旅游流通道便捷度大于流向山西的旅游流通道便捷度，北京流向山西的旅游流通道便捷度大于流向湖北的旅游流通道便捷度，北京流向湖北的旅游流通道便捷度大于流向湖南的旅游流通道便捷度，北京流向湖南的旅游流通道便捷度大于流向安徽的旅游流通道便捷度；从流向其他地区来看，北京流向东北地区的旅游流通道便捷度大于流向成渝地区的旅游流通道便捷度，北京流向成渝地区的旅游流通道便捷度大于流向云贵地区的旅游流通道便捷度。

从省际通道便捷度总体来看，北京流向天津的旅游流通道便捷度最大，旅游流通道便捷指数为 20.00。然后，依次是河北、山东、河南、上海和辽宁；而北京流向福建、云南和安徽地区的旅游流通道便捷度最小，旅游流通道便捷指数为 0.19，0.24 和 0.29。

从区域通道便捷度总体来看，以环渤海经济区为客源地时，环渤海经济区流向东北地区的旅游流通道便捷度相对最大，旅游流通道便捷指数为 1.22；其次是流向中部地区的旅游流通道便捷度较大，旅游流通道便捷指数为 0.90，最后是流向长三角经济区的旅游流通道便捷度，旅游流通道便捷指数为 0.87。而环渤海经济区流向云贵地区的旅游流通道便捷度最小，其旅游流通道便捷指数仅为 0.24；其次是流向珠三角地区和成渝地区的旅游流通道便捷度较小，旅游流通道便捷指数分别为 0.57 和 0.69。

表 4–11　以环渤海经济区为客源地的旅游流通道

北京流向		通道长度（千米）	航班次数（次/天）	列车次数（次/天）	通道广度	省际通道便捷指数	区域通道便捷指数
环渤海	天津	120	0	202	2400	20.00	9.85
	河北	392	0	153	2365	6.03	
	山东	412	4	97	1449	3.52	
长三角	上海	1178	82	46	1451	1.23	0.87
	浙江	1200	31	19	635	0.53	
	江苏	981	16	64	836	0.85	
珠三角	广东	1967	82	15	1847	0.94	0.57
	福建	1681	12	9	323	0.19	
中部地区	河南	690	2	96	1478	2.14	0.90
	湖南	1446	14	33	578	0.40	
	湖北	1133	17	53	826	0.73	
	安徽	959	6	19	277	0.29	
	山西	522	9	27	509	0.98	

续表

北京流向		通道长度（千米）	航班次数（次/天）	列车次数（次/天）	通道广度	省际通道便捷指数	区域通道便捷指数
东北地区	辽宁	649	8	48	795	1.22	1.22
成渝地区	四川	1630	38	9	1129	0.69	0.69
云贵地区	云南	2266	29	7	554	0.24	0.24

注：航班查询地址为 http：//flight.elong.com；列车查询地址为 https：//www.12306.cn/index/.
列车、航班查询时间为 2019-04-19，周五。

2. 以长三角经济区为客源地的旅游流通道便捷度分析

在长三角经济区，上海的经济实力最强，旅游业发达，因此选取上海作为长三角经济区的代表。从流向环渤海经济区来看，上海流向北京的旅游流通道便捷度大于流向山东的旅游流通道便捷度，上海流向山东的旅游流通道便捷度大于流向天津的旅游流通道便捷度，上海流向天津的旅游流通道便捷度大于流向河北的旅游流通道便捷度；从流向长三角经济区来看，上海流向浙江的旅游流通道便捷度大于流向江苏的旅游流通道便捷度；从流向珠三角经济区来看，上海流向广东的旅游流通道便捷度大于流向福建的旅游流通道便捷度；从流向中部地区来看，上海流向安徽的旅游流通道便捷度大于流向湖北的旅游流通道便捷度，上海流向湖北的旅游流通道便捷度大于流向湖南的旅游流通道便捷度，上海流向湖南的旅游流通道便捷度大于流向河南的旅游流通道便捷度，上海流向河南的旅游通道便捷度大于流向山西的旅游流通道便捷度；从流向其他地区来看，上海流向成渝地区的旅游流通道便捷度大于流向云贵地区的旅游流通道便捷度，上海流向云贵地区的旅游流通道便捷度大于流向东北地区的旅游流通道便捷度。

从省际通道便捷度总体来看，上海流向浙江的旅游流通道便捷度最大，旅游流通道便捷指数为 19.49。然后，依次是江苏、安徽、广东、北京、湖北和福建。而上海流向山西和河北的旅游流通道便捷度最小，旅游流通道便捷指数均为 0.21。

从区域通道便捷度总体来看，以长三角经济区为客源地时，长三角经济区流向珠三角经济区的旅游通道便捷度相对最大，旅游流通道便捷指数为 1.28；其次是流向中部地区的旅游流通道便捷度较大，旅游流通道便捷指数为 0.97；最后是流向环渤海经济区的旅游流通道便捷度，旅游流通道便捷指数为 0.72，而长三角经济区流向东北地区的旅游流通道便捷度最小，旅游流通道便捷指数仅为0.35，其次是流向云贵地区和成渝地区的旅游流通道便捷度较小，旅游流通道便捷指数分别为0.39和0.58。

表4-12　以长三角经济区为客源地的旅游流通道

上海流向		通道长度（千米）	航班次数（次/天）	列车次数（次/天）	通道广度	省际通道便捷指数	区域通道便捷指数
环渤海	北京	1178	84	51	1521	1.29	0.72
	天津	1133	17	35	610	0.54	
	河北	1130	8	12	236	0.21	
	山东	852	7	72	719	0.84	
长三角	浙江	138	0	184	2690	19.49	17.54
	江苏	273	1	290	4257	15.59	
珠三角	广东	1308	154	11	2046	1.56	1.28
	福建	678	13	28	672	0.99	
中部地区	河南	887	2	38	580	0.65	0.97
	湖南	964	25	31	662	0.69	
	湖北	761	25	39	869	1.14	
	安徽	412	6	58	880	2.14	
	山西	1238	9	7	259	0.21	
东北地区	辽宁	1364	27	10	478	0.35	0.35
成渝地区	四川	1782	48	9	1031	0.58	0.58
云贵地区	云南	2042	39	7	802	0.39	0.39

注：航班查询地址为http：//flight.elong.com；列车查询地址为https：//www.12306.cn/index/.
列车、航班查询时间为2019-04-19，周五。

3. 以珠三角经济区为客源地的旅游流通道便捷度分析

在珠三角经济区，广东的经济实力最强，旅游业最发达，因此选取广东作为珠三角经济区的代表。从珠三角流向环渤海地区来看，广东流向北京的旅游流通道便捷度大于流向山东的旅游流通道便捷度，广东流向山东的旅游流通道便捷度大于流向天津的旅游流通道便捷度，广东流向天津的旅游流通道便捷度大于流向河北的旅游流通道便捷度；从流向长三角地区来看，广东流向上海的旅游流通道便捷度大于流向浙江的旅游流通道便捷度，广东流向浙江的旅游流通道便捷度大于流向江苏的旅游流通道便捷度；从流向中部地区来看，广东流向湖南的旅游流通道便捷度大于流向湖北的旅游流通道便捷度，广东流向湖北的旅游流通道便捷度大于流向河南的旅游流通道便捷度，广东流向河南的旅游流通道便捷度大于流向安徽的旅游流通道便捷度，广东流向安徽的旅游流通道便捷度大于流向山西的旅游流通道便捷度；从流向其他地区来看，广东流向成渝地区的旅游流通道便捷度大于流向云贵地区的旅游流通道便捷度，广东流向云贵地区的旅游流通道便捷度大于流向珠三角的旅游流通道便捷度，广东流向珠三角的旅游流通道便捷度大于流向东北地区的旅游流通道便捷度。

从省际通道便捷度总体来看，广东流向湖南的旅游流通道便捷度最大，旅游流通道便捷指数为 3.77。然后，依次是上海、湖北和四川，而广东流向山西的旅游流通道便捷度最小，旅游流通道便捷指数为 0.10。

从区域通道便捷度总体来看，以珠三角经济区为客源地时，珠三角经济区流向中部地区的旅游流通道便捷度最大，旅游流通道便捷指数为 1.20，其次是流向长三角经济区的旅游流通道便捷度较大，旅游流通道便捷指数为 1.04，最后是流向成渝地区的旅游流通道便捷度较大，旅游流通道便捷指数为 0.98。而珠三角经济区流向东北地区的旅游流通道便捷度相对最小，旅游流通道便捷指数为 0.20，其次是流向环渤海经济区和云贵地区的旅游流通道便捷度较小，旅游流通道便捷指数分别为 0.47 和 0.60。

表 4–13　以珠三角经济区为客源地的旅游流通道

广东流向		通道长度（千米）	航班次数（次/天）	列车次数（次/天）	通道广度	省际通道便捷指数	区域通道便捷指数
环渤海	北京	1967	82	15	1851	0.94	0.47
	天津	1910	21	8	663	0.35	
	河北	1822	9	23	330	0.18	
	山东	1664	34	5	671	0.40	
长三角	上海	1308	152	11	2044	1.56	1.04
	浙江	1099	56	12	1004	0.91	
	江苏	1255	60	4	793	0.63	

续表

广东流向		通道长度（千米）	航班次数（次/天）	列车次数（次/天）	通道广度	省际通道便捷指数	区域通道便捷指数
珠三角	福建	763	8	1	252	0.33	0.33
中部地区	河南	1389	31	42	748	0.54	1.20
	湖南	620	4	152	2338	3.77	
	湖北	873	25	95	1227	1.41	
	安徽	1105	30	7	226	0.20	
	山西	1722	20	2	170	0.10	
东北地区	辽宁	2672	28	5	529	0.20	0.20
成渝地区	四川	1390	69	15	1362	0.98	0.98
云贵地区	云南	1357	44	21	812	0.60	0.60

注：航班查询地址为 http：//flight.elong.com；列车查询地址为 https：//www.12306.cn/index/.
列车、航班查询时间为 2019-04-19，周五。

4. 以中部地区为客源地的旅游流通道便捷度分析

在中部地区，湖南的经济实力稍强，旅游业发展也相对较好，因此选取湖南作为中部地区的代表。从流向环渤海地区来看，湖南流向北京的旅游流通道便捷度大于流向河北的旅游流通道便捷度，湖南流向河北的旅游流通道便捷度大于流向山东的旅游流通道便捷度，湖南流向山东的旅游流通道便捷度大于流向天津的旅游流通道便捷度；从流向长三角地区来看，湖南流向上海的旅游流通道便捷度大于流向浙江的旅游流通道便捷度，湖南流向浙江的旅游流通道便捷度大于流向江苏的旅游流通道便捷度；从流向珠三角地区来看，湖南流向广东的旅游流通道便捷度大于流向福建的旅游流通道便捷度；从流向中部地区内部来看，湖南流向湖北的旅游流通道便捷度大于流向河南的旅游流通道便捷度，湖南流向河南的旅游流通道便捷度大于流向安徽的旅游流通道便捷度，湖南流向安徽的旅游流通道便捷度大于流向山西的旅游流通道便捷度；从流向其他地区来看，湖南流向云贵地区的旅游流通道便捷度大于流向成渝地区的旅游流通道便捷度，湖南流向成渝地区的旅游流通道便捷度大于流向东北地区的旅游流通道便捷度。

从省际通道便捷度总体来看，湖南流向湖北的旅游流通道便捷度最大，旅游流通道便捷指数为 6.92。然后是广东，旅游流通道便捷指数为 3.67，而湖南流向山西的旅游流通道便捷指数最小，旅游通道便捷指数为 0.08。

从区域通道便捷度总体来看，以中部地区为客源地时，中部地区内部的旅游流通道便捷度大，旅游流通道便捷指数为 2.08，其次是中部地区流向珠三角经济区的旅游流通道便捷度较大，旅游流通道便捷指数为 1.95，最后是流向长三角的旅游流通道便捷度较大，旅游流通道便捷指数为 0.52。而中部地区流向东北地区的旅游流通道便捷度相对最小，旅游流通道便捷指数为 0.09；其次是流向成渝地区、环渤海经济区和云贵地区的旅游流通道便捷度较小，旅游流通道便捷指数分别为 0.14、0.29 和 0.33。

表 4–14　以中部地区为客源地的旅游流通道

湖南流向		通道长度（千米）	航班次数（次/天）	列车次数（次/天）	通道广度	省际通道便捷指数	区域通道便捷指数
环渤海	北京	1446	15	39	639	0.44	0.29
	天津	1353	9	10	146	0.11	
	河北	1249	1	51	493	0.39	
	山东	1228	12	10	247	0.20	
长三角	上海	964	25	31	632	0.66	0.52
	浙江	805	4	42	496	0.62	
	江苏	799	7	15	235	0.29	
珠三角	广东	620	4	148	2278	3.67	1.95
	福建	743	4	7	162	0.22	
中部地区	河南	828	0	83	803	0.97	2.08
	湖北	317	0	151	2195	6.92	
	安徽	641	0	14	226	0.35	
	山西	1174	6	2	89	0.08	
东北地区	辽宁	2194	9	5	194	0.09	0.09
成渝地区	四川	940	8	7	132	0.14	0.14
云贵地区	云南	1116	11	25	369	0.33	0.33

注：航班查询地址为 http：//flight.elong.com；列车查询地址为 https：//www.12306.cn/index/.
列车、航班查询时间为 2019-04-19，周五。

5. 以东北地区为客源地的旅游流通道便捷度分析

在东北地区，辽宁的经济实力较强，旅游业发展也相对较好，因此选取辽宁作为东北地区的代表。从流向环渤海地区来看，辽宁流向北京的旅游流通道便捷度大于流向天津的旅游流通道便捷度，辽宁流向天津的旅游流通道便捷度大于流向山东的旅游流通道便捷度，辽宁流向山东的旅游流通道便捷度大于流向河北的旅游流通道便捷度；从流向长三角地区来看，辽宁流向上海的旅游流通道便捷度大于流向江苏的旅游流通道便捷度，而辽宁流向江苏的旅游流通道便捷度大于流向浙江的旅游流通道便捷度；从流向珠三角地区来看，辽宁流向广东的旅游流通道便捷度略大于流向福建的旅游流通道便捷度；从流向中部地区来看，辽宁流向河南的旅游流通道便捷度大于流向湖北的旅游流通道便捷度，辽宁流向湖北的旅游流通道便捷度大于流向山西的旅游流通道便捷度，辽宁流向山西的旅游流通道便捷度大于流向湖南的旅游流通道便捷度，辽宁流向湖南的旅游流通道便捷度大于流向安徽的旅游流通道便捷度；从流向其他地区来看，辽宁流向成渝地区的旅游流通道便捷度大于流向云贵地区的旅游流通道便捷度。

从省际通道便捷度总体来看，辽宁流向北京的旅游流通道便捷度最大，旅游流通道便捷指数为 1.25。辽宁流向各地区的旅游通道便捷指数均小于 1.0，其中辽宁流向福建和云南的旅游流通道便捷度较小，旅游流通道便捷指数均为 0.06。

从区域通道便捷指数来看，东北地区流向环渤海经济区的旅游流通道便捷度较大，旅游流通道便捷指数为 0.68；其次是流向长三角经济区的旅游流通道便捷度较大，旅游流通道便捷指数为 0.21；再次是流向珠三角经济区的旅游流通道便捷度较大，旅游流通道便捷指数为 0.13。而东北地区流向云贵地区的旅游流通道便捷度最小，旅游流通道便捷指数为 0.06；其次是流向成渝地区和中部地区的旅游流通道便捷度较小，旅游流通道便捷指数分别为 0.10 和 0.11。

表 4–15　以东北地区为客源地的旅游流通道

辽宁流向		通道长度（千米）	航班次数（次/天）	列车次数（次/天）	通道广度	省际通道便捷指数	区域通道便捷指数
环渤海	北京	649	8	49	810	1.25	0.68
	天津	829	0	83	803	0.97	
	河北	974	2	20	184	0.19	
	山东	900	6	24	273	0.30	

续表

辽宁流向		通道长度（千米）	航班次数（次/天）	列车次数（次/天）	通道广度	省际通道便捷指数	区域通道便捷指数
长三角	上海	1364	28	10	479	0.35	0.21
	浙江	1849	8	6	234	0.13	
	江苏	1630	11	15	268	0.16	
珠三角	广东	2672	28	5	529	0.20	0.13
	福建	2042	5	0	121	0.06	
中部地区	河南	1339	8	16	240	0.18	0.11
	湖南	2191	9	5	180	0.08	
	湖北	1859	4	9	199	0.11	
	安徽	1608	7	1	110	0.07	
	山西	1171	8	6	122	0.10	
成渝地区	四川	2346	14	3	235	0.10	0.10
云贵地区	云南	2935	7	2	171	0.06	0.06

注：航班查询地址为 http：//flight.elong.com；列车查询地址为 https：//www.12306.cn/index/.
列车、航班查询时间为 2019-04-19，周五。

6. 以成渝地区为客源地的旅游流通道便捷度分析

在成渝地区，四川的经济实力较强，旅游业发展也相对较好，因此选取四川作为成渝地区的代表。从流向环渤海地区来看，四川流向北京的旅游流通道便捷度大于流向河北的旅游流通道便捷度，四川流向湖北的旅游流通道便捷度大于流向山东的旅游流通道便捷度，四川流向山东的旅游流通道便捷度大于流向天津的旅游流通道便捷度；从流向长三角地区来看，四川流向上海的旅游流通道便捷度大于流向浙江的旅游流通道便捷度，四川流向浙江的旅游流通道便捷度大于流向江苏的旅游流通道便捷度；从流向珠三角地区来看，四川流向广东的旅游流通道便捷度大于流向福建的旅游流通道便捷度；从流向中部地区来看，四川流向河南的旅游流通道便捷度大于流向湖北的旅游流通道便捷度，四川流向湖北的旅游流通道便捷度大于流向湖南的旅游流通道便捷度，四川流向湖南的旅游流通道便捷度大于流向安徽的旅游流通道便捷度，四川流向安徽的旅游流通道便捷度大于流向山西的旅游流通道便捷度；从流向其他地区来看，四川流向云贵地区的旅游流通道便捷度大于流向东北地区的旅游流通便捷度。

从省际通道便捷度总体来看，四川流向广东的旅游流通道便捷度最大，旅游流通道便捷指数为 0.98。四川流向各地区的旅游通道便捷指数均小于 0.90，而四川流向天津和辽宁的旅游流通道便捷度最小，旅游流通道便捷指数均为 0.10；其次是流向山西的旅游流通道便捷度较小，旅游流通道便捷指数为 0.11。

从区域通道便捷度总体来看。以成渝地区为客源地时，成渝地区流向云贵地区的旅游流通道便捷度最大，旅游流通道便捷指数为 0.60，其次是流向珠三角地区的旅游流通道便捷度较大，旅游流通道便捷指数为 0.58，再次是流向长三角经济区的旅游流通道便捷度较大，旅游流通道便捷指数为 0.35。而成渝地区流向东北地区的旅游流通道便捷度最小，旅游流通道便捷指数仅为 0.10，其次是流向中部地区的旅游流通道便捷度较小，旅游流通道便捷指数为 0.23。

表 4-16 以成渝地区为客源地的旅游流通道

四川流向		通道长度（千米）	航班次数（次/天）	列车次数（次/天）	通道广度	省际通道便捷指数	区域通道便捷指数
环渤海	北京	1630	38	9	1073	0.66	0.26
	天津	1640	6	6	168	0.10	
	河北	1357	5	16	192	0.14	
	山东	1419	12	4	169	0.12	
长三角	上海	1782	45	9	1014	0.57	0.35
	浙江	1699	13	5	472	0.28	
	江苏	1618	17	13	334	0.21	
珠三角	广东	1390	69	14	1361	0.98	0.58
	福建	1771	7	2	227	0.13	
中部地区	河南	1039	8	26	421	0.41	0.23
	湖南	940	9	7	142	0.15	
	湖北	1047	11	24	368	0.35	
	安徽	1392	6	9	177	0.13	
	山西	1173	9	4	130	0.11	

续表

四川流向		通道长度（千米）	航班次数（次/天）	列车次数（次/天）	通道广度	省际通道便捷指数	区域通道便捷指数
东北地区	辽宁	2346	15	3	232	0.10	0.10
云贵地区	云南	711	24	9	424	0.60	0.60

注：航班查询地址为 http：//flight.elong.com；列车查询地址为 https：//www.12306.cn/index/.
列车、航班查询时间为 2019-04-19，周五。

从全国范围来看，上海流向长三角内部的旅游流通道便捷度最高，便捷度指数是 17.54，其次是北京流向环渤海内部的旅游流通道便捷度较高，便捷度指数是 9.85，北京流向东北地区、上海流向珠三角地区、广东流向中部地区、广东流向成渝地区、湖南流向中部地区内部、湖南流向珠三角经济区的旅游流通道便捷度也较高，便捷度指数均不小于 1。而辽宁流向云贵地区的旅游流通道便捷度最低，便捷度指数仅为 0.06，辽宁流向成渝地区、四川流向东北地区的旅游流通道便捷度次之，便捷度指数均为 0.1。从这一结果来看，旅游流通道便捷度的高低与物理距离呈负相关关系，与经济发达程度和交通便利程度则有着正相关关系。

第五章
国内旅游节假日市场特征

2007 年 11 月 9 日起，国家法定节假日调整研究小组公开在网上征集对国家法定节假日调整方案的意见。根据这一方案，2007 年 12 月，国务院将国家法定节假日由 10 天增加为 11 天，三个黄金周保留两个，取消一个，同时将除夕、清明节、端午节和中秋节四个民族传统节日纳入国家法定节假日。新方案调整后，只剩下春节和“十一”两大黄金周，清明节、端午节、中秋节等民族传统节日各休一天，加上周末的两天休假，则成了 3 天的中短假期。这样，每年将出现 2 个集中休假高峰——春节（7 天）、国庆（7 天）以及 5 个集中休假小高峰——元旦（3 天）、清明（3 天）、五一（3 天）、端午（3 天）、中秋（3 天），出现了法定节假日与周末连休 3 天的小长假、黄金周和个人带薪休假并存的新局面。

法定节假日对旅游经济有一种非常强的促进作用，我国当前的旅游假日经济效应非常明显。法定节假日调整后，对旅游者的消费需求产生了极大的影响。小长假的中国法定节假日增加势必使长线游、短线游的比例发生新的变化，人们将更加倾向于选择短线就近出游。在新的节假日方案中，中秋节、清明节这些传统节日使人们旅行出游时将更倾向于选择与这些传统节日相关联的线路。由于“五一”黄金周的取消，长线旅游受到一定程度的抑制。

调整后的法定节假日，对旅游产品也将产生较大的影响。中国有许多地区还保持着一些长达百年以上的重大节日民俗文化传统，如清明假日，不少地方就结合清明扫墓踏青的风俗，推出了有特色的系列民俗活动，如放风筝、荡秋千、寻根祭祖等。高速公路网的建设、健全以及家用汽车数量的快速增长，大大提高了人们短程、短期旅行的便利程度，周末（小黄金周）出游、城郊游等短途旅行将更为便捷、更为频繁。对旅行社而言，最明显的就是其长短线产品结构的调整，大城市 1000 公里以内的郊区游、农家游、周边游等国内游将大规模上升。

一、假日旅游市场文化需求逐渐凸显

（一）文旅融合过大年，文化休闲游成为主流的旅游休闲方式

传统民俗和民间文化吸引力凸显是2019春节旅游的一大特点。旅游过年已成新民俗，家庭游、敬老游、亲子游、文化休闲游成为节日期间主流的旅游休闲方式。春节期间，各地组织了丰富多彩的文旅惠民活动。北京、山西、内蒙古等12个省区市开展“非遗过大年、文化进万家”系列文化活动，安徽举办彩灯大会、舞龙舞狮、抖空竹等民俗体验活动，广东的广府庙会、迎春花市、醒狮贺岁、客家山歌、采茶戏等非遗项目让游客流连忘返。“博物馆里过大年”受到了广大游客和市民的广泛欢迎。据中国旅游研究院（文化和旅游部数据中心）调查，春节期间参观博物馆、美术馆、图书馆和科技馆、历史文化街区的游客比例分别达40.5%、44.2%、40.6%和18.4%，观看各类文化演出的游客达到34.8%。

此外，三四线城市、各地乡镇的春节文化生活也日益丰富多彩。基层和乡村的春节休闲方式已不再只有K歌、打牌、搓麻“老三样”，民俗活动、文化展览等极大丰富了人民的节日生活。全国各地县、乡、村举办了丰富多彩的文旅活动，村民当上了“村晚”导演，左邻右舍成为舞台主角，逛庙会、猜灯谜、旅游文化巡游等迎新年活动吸引广大游客到农村去闹新春，草莓采摘、柑橘采摘成为亲子游的热门活动。“欢乐春节”活动在全球133个国家和地区的396座城市举办演出、展览、庙会等1500多项活动，讲述美丽故事，传播中华文化。日益丰富的春节文化生活彰显国民幸福，体现了大众对优秀传统文化、美好生活的认同。

（二）十一旅游市场：消费类型多、文化参与度广

旅游消费类型广。2018年十一期间，山东各地依托十大文化旅游目的地品牌，倾力打造各具特色的品牌活动，吸引众多游客参与其中。据统计，青岛市重点监测景区（景点）共接待游客242万人次，同比增长44%。青岛上合峰会会址、五四广场等重要旅游区域游客持续攀升。云南推出新的演艺产品，《藏谜》在丽江千古情景区藏谜大剧院开演；西双版纳《傣秀》持续受到游客欢迎，假期上座率维持在70%以上，10月2—5日，上座率达到100%。经过环保整顿，国庆期间，大理双廊开门迎客，面朝洱海的民宿与环境保护相得益彰。

文化参与范围广。调研数据显示，国庆期间，超过90%的游客参加了文化

活动，超过 40% 的游客参加了 2 项文化体验活动，前往博物馆、美术馆、图书馆和科技馆的游客达到 40% 以上，37.8% 的游客花在文化体验的停留时间为 2~5 天。国内主要在线旅游平台（OTA）数据显示，10 月 1—7 日文化类景区整体预订量同比增长超过 36%，景区门票、文化展演类产品预订量增幅最大。圆明园、故宫博物院、秦始皇陵兵马俑等文化类景区吸引了大量游客，北京、宁波、无锡、西安、杭州、南京等成文化类热门目的地。

文化公共产品供应充足，百姓在家门口就可畅享文化生活。参加社区、博物馆等组织的假日培训、亲子活动、讲座等等，观看公益电影、公益演出，参观博览会或博物馆、参加居委会活动，等等，人民群众通过参加公共文化活动分享新时代美好生活，收获满满的幸福感。国庆期间，上海公共文化活动丰富多彩，总计 69550 场，较 2017 年同期增加 20%，丰富的公共文化生活让上海市民和游客度过了一个精彩的国庆假日。

（三）端午旅游市场：特色民俗文化游及世界杯主题游成亮点

2018 年端午节恰逢世界杯、父亲节，白天陪家人旅游，晚上躺在酒店看世界杯成为不少球迷过端午的主要方式。

特色民俗文化游及世界杯主题游成亮点。中国旅游研究院 & 驴妈妈集团联合实验室对 2018 年端午期间最受消费者青睐的旅游目的地和旅游消费特征进行盘点，驴妈妈平台数据显示，端午小长假超过八成游客选择了 2 天行程左右的周边游，三代同游是出游主力军。文化特色、主题乐园、休闲避暑、亲水玩水类景区需求旺盛，具有端午节日特色的民俗文化游以及世界杯相关主题游成为端午旅游的两大亮点。上海、北京、南京、苏州、杭州、广州、深圳、无锡、武汉、成都成为十大热门客源地。

正逢俄罗斯世界杯比赛期间，部分游客选择在旅途中与家人好友聚在一起观看世界杯。报告显示，在端午游客预订的热门周边游产品类别中，上海柏思特、恒大海上威尼斯、杭州陆羽君澜度假酒店、北戴河华茂喜来登等酒店推出的“世界杯套餐”活动预订火爆，游客在入住酒店之后可享受到“啤酒 + 小食”等特别的赠送优惠。部分城市近郊的度假酒店联合周边景点推出打包产品，让游客“看球 + 出游”两不误。如金堂恒大酒店联合周边五凤溪古镇，彭山恒大酒店联合黄龙溪古镇推出“激情世界杯 · 狂欢季”的酒店和景点组合产品，在今年端午人气十足。

端午特色文化活动引爆景区客流量。报告显示，端午节驴妈妈平台景区门票预订量整体环比节前增长 130% 以上，同比去年端午增长 35% 左右。从主题来看，文化类景区增幅明显，整体同比增长 40%；博物馆同比增长 35%，文化遗产同比增长了 45%。从区域来看，华东、华中地区门票预订增幅最高，华北、华南地区受天气影响同比增幅平稳。峨眉山、黄山风景区、上海玛雅海滩水公园、香港迪士尼乐园、上海迪士尼乐园、北京欢乐谷、天目湖南山竹海、上海金山城市沙滩、珠海长隆海洋王国、成都欢乐谷成为国内最受欢迎的十大景区。

赛龙舟、包粽子、缝香囊，全国多地景区围绕端午民俗文化推出了精彩纷呈的活动，游客们在亲身体验民俗活动的同时品味浓浓的传统文化。报告显示，嘉兴南湖旅游区、杭州西溪国家湿地公园、朱家角古镇、乌镇、西塘古镇、阆中古城、绍兴古城、屈原故里、同里古镇和湘江游船成为端午民俗游的十大热门景区目的地。值得一提的是，2018 杭州西溪龙舟文化节充分挖掘西溪龙舟作为国家级非物质文化遗产的文化内涵，开展了中国杭州名校龙舟竞渡和西溪国际龙舟赛两项亮点活动。清华大学、北京大学、浙江大学、复旦大学、香港大学、香港中文大学等 19 所知名高校参加了龙舟竞渡。活动还打造了“龙舟之旅”、“渔夫之旅”、特色摇橹船等定制产品，受游客热烈追捧。

报告显示，今年端午期间，世界自然文化遗产景区依然人气十足。峨眉山、黄山风景区、秦始皇陵兵马俑、南岳衡山、华山风景名胜区、慕田峪长城、都江堰、嘉峪关关城、五台山和张家界成为十大最受欢迎的世界遗产景区。由于今年端午节恰逢父亲节，不少 80 后、90 后游客也选择带着父母和孩子“三代同游”，文化遗产类景区最受这类人群的喜爱。位于江苏连云港市大伊山景区推出了“粽情伊夏，感恩双节”的活动，佤族绝技秀、山歌会、汉服秀、非遗民俗展演、端午民俗体验，不同寻常的体验项目组合让不同年龄的游客都能体会到端午文化趣味。

二、假日旅游市场增长速度依然较快

假日旅游仍是当前我国旅游市场的一大热点。2018 年我国国内旅游在节假日期间仍有较快的发展，其中市场规模及旅游收入均保持着 8% 左右的增长率。七大节假日期间，全国共接待游客总量 16.8 亿人次，旅游收入共 13585.4 亿元，仅春节、国庆、清明三大节日，旅游收入就达到 11161.8 亿元。

（一）3天小长假市场平稳增长

2018年元旦，经国家旅游局数据中心综合测算，假日期间，全国共接待国内游客1.33亿人次，同比增长11.08%，实现国内旅游收入755亿元，同比增长11.22%。交通部门信息显示：全国铁路当天预计发送旅客850万人次，火车站与景点间接驳车辆开行频次加密。部分城市夜间对大型跨年活动区域实行交通管制，有效保障游客安全、道路畅通。

2018年清明假日期间，全国大部地区出现较大幅度降温，对出游造成一定影响，但游客出游热情不减。综合通信运营商、线上旅行服务商、各地文化和旅游部门提供的数据，经中国旅游研究院（原国家旅游局数据中心）综合测算，清明假日期间全国共接待国内旅游总人数1.01亿人次，同比增长8.3%；实现旅游收入421亿元，同比增长8.0%。清明出游以公路为主，铁路共计发送旅客约4913.5万人次，京津冀、长三角等地的短途列车上座率相对较高。

2018年“五一”假日期间，全国假日旅游消费旺盛，旅游市场持续增长。城市周边游、乡村游、生态游成为游客首选，自驾游火爆，旅游消费呈现个性化、特色化、品质化、多样化趋势。综合通信运营商、线上旅行服务商和各地旅游部门数据，经中国旅游研究院综合测算，“五一”假日全国共接待国内游客1.47亿人次，同比增长9.3%，实现国内旅游收入871.6亿元，同比增长10.2%。

2018年端午期间，大众出游热情高涨，旅游市场持续火热。据中国旅游研究院数据中心综合测算，端午三天全国共接待国内游客8910万人次，同比增长7.9%，实现国内旅游收入362亿元，同比增长7.3%。端午假期期间，北京全市重点监测景区接待人数共计374.1万人，同比下降10.8%；景区收入达1.23亿元，同步下降12%。其中，历史文化观光型景区累积接待游客117.0万人，同比增长8.6%；现代娱乐型景区累积接待游客85.9万人，同比减少14.5%；自然山水型景区累积接待游客36.6万人，同比减少7.0%；博物馆型景区累积接待游客13.9万人，同比减少2.9%。

2018年中秋假日期间，全国旅游市场供需稳定，旅游活动精彩纷呈，假日旅游实现了“安全、有序、优质、高效、文明”的目标。中国旅游研究院（文化和旅游部数据中心）综合通信运营商、线上旅行服务商和各地旅游部门数据显示，2018年中秋假日期间，全国接待国内游客9790万人次，实现国内旅游收入435亿元。据了解，北京市今年中秋假期接待人数共计395.4万人，同比增加4.7%；景区收入达1.27亿元，同比增加11.5%，其中，历史文化观光型景区共接待游客 122.2 万人次，同比增加 9.7%。贵州省纳入全省重点监测的 97 个旅游景区共接待游客 254.72 万人次，门票收入 4184.35 万元，综合收入 16.85 亿元。

（二）七天长假各地再创历史新高

2018 年国庆假期，各地旅游市场总体实现了“安全、有序、优质、高效、文明”目标，全国未发生重特大旅游安全事件。综合各地旅游部门、通信运营商、线上旅行服务商上报和提供的数据，经中国旅游研究院（文化和旅游部数据中心）测算，全国共接待国内游客 7.26 亿人次，同比增长 9.43%；实现国内旅游收入 5990.8 亿元，同比增长 9.04%。12301 全国旅游咨询投诉平台共收到投诉 736 件，同比下降 9.25%。国庆假日期间，铁路客流以旅游和探亲流为主，全国铁路累计发送旅客 1.31 亿人次，同比增加 1277 万人次，日均旅客发送量 1306 万人次，增长 10.8%，全国铁路日均开行旅客列车 8434 列，同比增加 1130 列；其中，10 月 1 日，全国铁路旅客发送量达 1625 万人次，创铁路单日旅客发送量新高。部分省（区、市）旅游接待人次和收入如下（见表 5-1）：2018 年“十一”黄金周期间（7 天），北京市接待旅游总人数为 1115 万人次，同比增长 2.6%（与 2017 年 10 月 1—7 日的 7 天情况比较，下同）；旅游总收入 124.1 亿元，同比增长 7.8%；人均花费为 1114 元 / 人次，同比增长 5.1%。其中，国内来京旅游者 475.1 万人次，同比增长 4.4%；旅游收入 102.2 亿元，同比增长 7%；人均花费为 2151 元 / 人次，同比增长 2.4%。市民在京游人数 639.5 万人次，同比增长 1.3%；旅游收入 21.9 亿元，同比增长 12.1%；人均花费为 343 元 / 人次，同比增长 10.7%。10 月 1—7 日，全市重点监测的 176 家旅游景区累计接待游客 1285 万人次，同比增长 1%；营业收入 4.25 亿元，同比下降 1.8%；城市核心区景区累计接待游客 584.3 万人次，与去年基本持平。从接待人数看前三类景区分别是：城市型公园，累计接待 455.1 万人次；历史文化观光型景区，累计接待 340 万人次；现代娱乐型景区，累计接待 304 万人次。

表 5-1　2018 年国庆部分省市旅游市场情况

省（区、市）	旅游人次（万人次）	同比增速（%）	旅游收入（亿元）	同比增长（%）
山东	6613.00	10.30	535.5	12.90
江西	5639.55	10.36	341.59	11.01
湖南	6041.49	15.33	357.18	18.81
贵州	4934.10	32.74	332.11	35.76
陕西	7002.33	24.22	393.93	33.08
辽宁	4826.00	9.70	283.4	12.10
吉林	1584.37	1.72	111.39	7.51
西藏	136.3	20.50	6.9	25.10
宁夏	325.2	11.00	23.68	12.00

综合通信运营商、线上旅行服务商和各地旅游部门提供的数据，经国家旅游局数据中心综合测算，今年春节全国共接待游客 3.86 亿人次，同比增长 12.1%，实现旅游收入 4750 亿元，同比增长 12.6%。广东、四川、湖南、江苏、河南、安徽、山东、广西、湖北、浙江等省份接待游客人数居前十位。宁夏回族自治区乡村过年火爆。假日期间全区星级农家乐共接待游客 9.2 万人次，同比增长 28.1%。云南各地旅游市场火爆。2 月 21 日当天，全省共接待游客 519.69 万人，同比增长 27.1%，实现旅游收入 32.6 亿元，同比增长 21.6%。长线游方面，今年春节来迟，南北方温差明显，季节性旅游主题更加突出。不少游客利用春节假期，携家人到北方赏雪玩雪，到南方感受春意，追求更有特色的过年体验。东北、华北地区等多地滑雪场游客接待量同比增长超过 10%。吉林全省接待游客总人数 1262.84 万人次，同比增长 18.26%，实现旅游总收入 119.4 亿元，同比增长 23.11%。统计显示，全省乡村游客数量达到 263.3 万人次，同比增长 28.08%，收入约为 14.03 亿元，同比增长 38.61%。2 月 20 日，万龙滑雪场单日接待游客达 2.38 万人次。广东省纳入统计的 111 家重点景区共接待游客 1363.7 万人次，同比增长 11.2%，收入 12.97 亿元，同比增长 10.2%。贵州省打造温泉康养旅游产品。全省纳入重点监测的 33 个温泉景区，春节期间累计接待游客 36.18 万人次，实现旅游综合收入 1.7 亿元，同比分别增长 29.28% 和 39.26%。

三、假日旅游目的地选择多元化、出行方式多样化

总体来看，我国假日旅游目的地的选择差异较大，出行方式和休闲方式都呈现出多样化特点。其中，3 天假期的旅游市场主要以近郊游为主，而 7 天长假的旅游空间则大幅提升，中远距离比例显著提升。另外，冬季期间的元旦、春节假日，旅游者偏向去南部避寒旅游和北部冰雪旅游。夏季则偏向去东部滨海旅游。具体每个假日旅游特点如下。

（一）3 天小长假休闲旅游方式多样化

1. 元旦假期冰雪游、避寒游受到追捧

2018 年元旦期间，游客出游热情不减，旅游市场持续火热。各地游客出行方式以中短途为主，都市周边游、郊区休闲游、乡村体验游等占据主流，自驾游比例较高。从目的地分布看，全国旅游市场南下北上趋势相对明显，冰雪游、温泉游、避寒游等主题为热点。以全域旅游理念为指导，国家旅游局和各地旅游主管部门不断推进旅游供给侧结构性改革，积极加强假日旅游产品供给、提升假日旅游公共服务、强化假日旅游市场监管，推动假日旅游市场由高速增长向高质量增长转变，为广大游客假日出行创造了条件，游客体验感和获得感十足。一是旅游新业态吸引眼球：除传统热门旅游目的地外，体育旅游、游学旅游、工业旅游等以“旅游 +”方式打造的新产品、新业态成为假日旅游“新潮流”。江苏省泰州中国古井博物馆开馆，带领学生游客穿越古代，体验古井民俗文化，假日期间人流如织。二是举办精彩纷呈的跨年迎新活动：结合跨年主题，丰富多彩的假日旅游活动营造出浓浓的节日氛围，加深了广大游客的假日体验。北京市举办以“走进新时代，开启新征程”为主题的“2018 北京市新年倒计时活动暨北京冰雪文化旅游节启动仪式”，将冬日旅游推向高潮。三是假日旅游公共服务明显提升：在厕所革命的示范和带动下，各地进一步加强假日旅游公共服务，假日出行更加便捷高效。内蒙古自治区巴彦淖尔注重旅游厕所的科学布局和合理配备，并不断强化重点旅游地区的旅游厕所建设，游客如厕环境明显改善。此外，冰雪旅游依旧火爆：假日期间，哈尔滨冰雪大世界共接待游客 11.68 万人次，收入 2991.4 万元，太阳岛风景区、亚布力滑雪旅游度假区、北极圣诞村等冰雪主题景区较往年同期均有显著增长；温泉旅游悄然升温：贵州省假日期间共接待游客 797.17 万人次，实现旅游收入 49.74 亿元，同比分别增长 30.6% 和 32.3%，温泉旅游大放异彩；避寒旅游热销：海南省三亚全市单

日进出港旅客人次同比增幅达 10%，景区游客接待量增幅 15% 左右，旅游酒店平均入住率超过 90%，游客来源以长线为主，以北京、广东、上海、四川、陕西等城市为主。

2. 清明假日家庭游、休闲游成为游客首选

2018 年清明假日期间，近郊祭祀扫墓、踏青、赏花是居民出游主要动机，以博物馆、文化遗产、文化展演、宗教祈福等为代表的民俗文化游走热，红色旅游成为新热点。据有关数据显示，清明假日期间，全国各大景区迎来春季客流高峰，整体市场同比增长 35%，其中文化类景区门票消费同比增长 58%，文化展演吸引游客人次较去年同期增长 12%，成为清明旅游的一抹亮色。各地以全域旅游理念为指导，积极开展旅游供给侧结构性改革，推进优质旅游建设，不断满足广大游客日益个性化、品质化的假日旅游需求。各地烈士陵园、革命纪念场所人潮涌动，游客向革命英烈致以哀思、献上敬意，红色旅游景区接待游客明显增加。清明假期首日，湖南韶山接待游客超过 6 万人次，4.4 万人参观南京大屠杀纪念馆。清明期间，重庆沙坪坝歌乐山烈士陵园接待游客 11 万人次。甘肃会宁会师旧址接待游客 2.7 万人次。湿地、山岳、湖泊、花海等自然风景名胜依然是游客热衷前往的旅游目的地。山西安泽县举办槐花节，隰县举办玉露香梨花节，汾阳杏花村汾酒文化景区举办以“穿越杜牧诗境、品酒赏花踏青”为主题的杏花节等，节日期间迎来大量游客。清明返乡祭祖后，许多游客选择就近到郊野景区、公园、古镇等旅游，回忆家乡往事，感受风土人情，带动乡村旅游市场火热。甘肃榆中青城古镇距今有千年历史，古镇在清明假期前后举办“城隍出行”活动，上演秦腔和青城小调，吸引远近游客前往游览。结合清明主题举办的民俗文化活动等寓教于游、富有体验，游客明显增加。江苏泰州举办溱潼会船活动，十里溱湖，千舟齐发，万篙争流，一场盛大的水上庙会原汁原味呈现在游客面前。中国旅游研究院专项调查显示，参观文化场馆和游览名胜古迹的游客占比达 38.1%。文化展演吸引游客人次较去年同期增长了 12%，主打文化 IP 的景区逐渐赢得游客喜爱。同时，清明节热门景区旅游目的地主要集中在春暖花开、气温适宜的华南、华东地区。广州、上海、无锡、北京、成都、深圳、珠海、南京、常州、杭州是十大热门城市。一线城市是清明假日出行主要客源地，扎堆首日出游。上海、广州、北京、深圳、南京、成都、长春、杭州、衢州、苏州是清明旅游的十大客源地。在出游时间上，35.2% 游客清明节首日扎堆出游，49.7% 为第二天出游，15.1% 游客选择清明节最后一

日错峰出游。

3.“五一”假期产品供给定制化明显，文化产品持续增温

2018 年“五一”假期，人们对旅游体验的重视加深，常规的景点观光游已不能完全满足游客个性化的需求。今年“五一”涌现出一批时尚新玩法，定制游、主题游、当地向导报名火爆。“五一”期间旅游市场整体运行呈现“旺、高、顺、愿”四个突出特征。假日期间，各地群众纷纷走出家门，到景区景点观景、踏青、赏花、休闲，放松心情，感受美好假日。新疆生产建设兵团举办郁金香花节、桃花节、风车节等假日活动，旅游市场持续红火，“五一”期间共接待游客 68.6 万人次，同比增长 17%，实现旅游收入 3.16 亿元，同比增长 17.9%。城市游客选择去美丽乡村感受民俗文化，吃农家菜、住民宿、逛庙会等成为备受欢迎的假日体验。江苏省举办“水韵江苏，秀美乡村”系列活动，“来江宁织造幸福”南京江宁乡村旅游季、“乡约姜堰，乐居田园”泰州姜堰乡村旅游季、“恒北恒美，梨缘天下”盐城大丰乡村旅游季等同时启动，吸引众多游客前往。文旅融合旅游产品，研学旅游、红色旅游等成为假日旅游新亮点，各地古镇、古街、文化馆、博物馆等游人众多。在四川，亲子游、研学旅游、博物馆游火爆，4 月 30 日当天，大熊猫繁育研究基地接待游客 4.4 万人次，同比增长 33%，武侯祠博物馆接待游客 2.2 万人次，同比增长 65%，杜甫草堂博物馆接待游客 1.5 万人次，同比增长 45%。拼假成为假日长线出游主旋律，游客利用带薪年休假与“五一”假期拼成 4~8 天的长假期实现中长线旅游。

4. 端午假期休闲度假游、民俗文化游、海岛游成为热点

2018 年端午期间，旅游市场特点明显：

一是旅游消费热情高涨，文旅融合备受关注端午期间，父亲节、世界杯、毕业季和暑期旺季共同叠加，亲子游、父母游、毕业游等多个主题市场热度攀升，“三代同游”成为端午路上的一道新风景，文化游、山水游、美食游为毕业旅行的三大热门主题，世界杯开赛足球主题游备受青睐，全国各地旅游消费热情高涨。文旅融合备受关注，围绕端午佳节，全国各地以传承和发扬中华民族文化为宗旨，推出丰富多彩的民俗节庆活动和假日旅游产品，特别是非遗和自然遗产旅游深度融合的体验活动，得到了民众的积极响应。因为错峰拼假不易，端午小长假周边游、自驾游备受青睐，休闲避暑类景区需求旺盛。文化和旅游部、湖北省在宜昌秭归县联合举办“2018 届原故里端午文化节”，推出祭祀、诗会、龙舟赛、美食、习俗等五大主题系列活动，吸引大批中外游客感受中国

传统文化。

二是海岛游引领度假休闲，世界杯点燃赴俄游热情。随着高考结束、暑期将至，海滨城市成为端午期间亲子度假、戏水纳凉的重要目的地。三亚、厦门、北海、青岛、大连、日照、珠海、秦皇岛、宁波等城市迎来大量游客。出境游方面，近程的东南亚海岛如普吉岛、巴厘岛、苏梅岛等最受追捧。调查显示，广大游客对海岛旅游的品质十分关注，旅游消费升级趋势明显。如沙滩、餐饮、游泳、温泉、健身等度假休闲内容成为选择海岛旅游目的地时的重要参考因素，海滩别墅、浮潜、海钓等深度旅游体验越来越受到游客欢迎。此外，2018 年俄罗斯世界杯开幕，加上俄罗斯对持票外国观众实施免签政策，带动了“世界杯旅游热”，赴俄罗斯旅游线路迅速升温，成为同期出境旅游新亮点。

三是全域旅游成效显著，优质旅游稳步发展。端午假日旅游产品和服务供给充分、市场活力十足。各地围绕端午佳节，深入挖掘和拓展文化旅游内涵，推出丰富多彩的民俗节庆活动和假日旅游产品。四川南充阆中古城推出国际龙舟赛、汉服提灯会、川剧表演、阆苑仙境实景演出等民俗活动，让游客目不暇接。山西吕梁“粽叶香”非遗艺术节展示乡村风光和民俗风情，推动当地乡村旅游发展。河北石家庄打造“花式”特色游，形成十里花海，吸引大批游客前往观赏。

（二）七天长假旅游呈现新特征

1. 假日市场持续增长，全域旅游如火如荼

春节期间，传统景区景点延续火热的同时，乡村民宿、休闲街区、特色小镇等全域旅游新产品新业态备受青睐，自驾游、乡村游、都市游、冰雪游高速增长。旅游市场整体活跃，自驾车出游比例接近 50%，成为中国家庭出游的主要方式。祈福游，庙会游，乡村过大年。各地新春祈福和民俗旅游活动火爆，年味十足。以迎新纳福为主题的名胜祈福游和以体验年俗为主题的乡村民俗游成为众多游客的选择。冰雪游，避寒游，南北好风光。长线游方面，今年春节来迟，南北方温差明显，季节性旅游主题更加突出。不少游客利用春节假期，携家人到北方赏雪玩雪，到南方感受春意，追求更有特色的过年体验。东北、华北地区等多地滑雪场游客接待量同比增长超过 10%。吉林全省接待游客总人数 1262.84 万人次，同比增长 18.26%，实现旅游总收入 119.4 亿元，同比增长 23.11%。全省组织推出滑雪、温泉、雾凇、冬捕、乡村游等文化内容丰富的假日组合旅游产品，受到游客欢迎。统计显示，全省乡村游客数量达到 263.3 万

人次，同比增长28.08%，收入约为14.03亿元，同比增长38.61%。温泉游，民宿游，度假享悠闲。随着居民旅游意识的加强，对旅游产品品质的要求进一步提升，度假游取代观光游，成为广大游客的热衷选择。湖南省户外运动、研学旅游、旅游民宿等新业态引领市场。郴州资兴市唐洞街道大王寨村雄鹰体育休闲户外营地接待大量游客，东江城区和环东江湖周边乡村区域“那一年”“梦想花园”等一批独具特色的民宿春节前预订率超过了95%，入住率100%。衡阳工业博物馆、世界钟表文化博物馆、衡阳啤酒广场等工业旅游景点颇受市民欢迎。

2. 全域旅游供给丰富，文旅融合产品广受欢迎

文化需求和旅游市场呈现文化参与范围广、频度高；旅游消费类型广、意愿高；文化惠民覆盖面广、品质高；理性消费参与度广，文明旅游认同度高等“四广四高”特征，文化与旅游融合发展开启新时期文化建设、旅游惠民新篇章。都市休闲、红色旅游、乡村旅游、自驾游、观光游览等旅游消费活动高涨。爱国主义深入人心，红色旅游广受青睐。国庆期间，游客纷纷以观看升国旗、“快闪”《歌唱祖国》，“我为祖国送祝福”、参观博物馆和红色景区等不同形式庆祝新中国69周年华诞，接受爱国主义教育。福建龙岩各红色旅游景区纷纷推出活动，吸引众多游客前往缅怀革命先烈英雄事迹。古田旅游区累计接待游客25.60万人次，同比增长35.6%。贵州遵义会议会址、习水土城等红色旅游景区游客接待量均超过5万人次。辽宁锦州市的红色旅游也吸引了众多游客，辽沈战役纪念馆、黑山阻击战纪念馆、东北野战军锦州前线指挥所旧址、萧军纪念馆等景区游人如织。文化需求旺盛，文旅融合产品备受追捧。中国旅游研究院（文旅部数据中心）调研数据显示，国庆期间，超过90%的游客参加了文化活动，超过40%的游客参加了2项文化游览活动，前往博物馆、美术馆、图书馆和科技馆的游客高达到40%以上，37.8%的游客花在文化游览的停留时间为2~5天。各地推出大量文化旅游活动和线路产品，备受市场青睐。安徽安庆举办第八届中国（安庆）黄梅戏艺术节，通过“白天看景·晚上看戏”，吸引了3万余名游客感受黄梅戏艺术节氛围。河北正定推出了20多项旅游文化活动；山西太原博物馆“紫禁风华—— 2018太原·故宫文物展”、文瀛公园纪念改革开放40周年暨文瀛公园秋之韵书画展、皇城相府非遗表演的“打铁花”千年绝技等吸引了众多游客。全域旅游和优质旅游发展态势凸显。各地推出体育健身游、教育游、科技游、康养游、美食游等特色旅游产品和活动，满足不同游客差异化、个性化需求。广西防城港边境旅游试验区精心打造跨国自驾游产品，跨境

旅游人数大幅度增长，假日期间共接待中越跨境旅游游客 6.34 万人次，同比增长 42.17%。今年国庆假期紧邻我国首个“中国农民丰收节”，全国各地继续举办各类庆祝丰收的乡村文化旅游活动，吸引大量游客前往乡村看美景、品美食、赏民俗。贵州各地、各主要乡村旅游点推出收麦、割稻、篝火、野钓、滑草、骑马、长桌宴、山歌对唱等独具特色的乡村农事和娱乐体验活动。